Pablo Sudar

Dignidad de la persona humana

Pablo Sudar

Dignidad de la persona humana

Fenomenología del espíritu

CREDO EDICIONES

Imprint
Any brand names and product names mentioned in this book are subject to trademark, brand or patent protection and are trademarks or registered trademarks of their respective holders. The use of brand names, product names, common names, trade names, product descriptions etc. even without a particular marking in this work is in no way to be construed to mean that such names may be regarded as unrestricted in respect of trademark and brand protection legislation and could thus be used by anyone.

Cover image: www.ingimage.com

Publisher:
CREDO EDICIONES
is a trademark of
International Book Market Service Ltd., member of OmniScriptum Publishing Group
17 Meldrum Street, Beau Bassin 71504, Mauritius

Printed at: see last page
ISBN: 978-613-1-66293-5

Pablo Sudar

DIGNIDAD DE LA PERSONA HUMANA

Fenomenología del espíritu: la fidelidad, la esperanza y el amor

Introducción

I. UBICACIÓN

A través de historia del pensamiento humano podemos detectar una inquietud permanente del hombre por cuestionar no sólo la realidad que lo rodea, sino de un modo más apasionado aun su propia realidad de ser en medio de los seres.

Pero lo notable de este permanente preguntarse del hombre por el ser, no es la novedad de las cuestiones que se repiten podemos decir cíclicamente en las épocas históricas, sino el modo renovado y siempre diferente como el hombre replantea el problema, acicateado por las circunstancias históricas en las que se encuentra.

Esta inquietud que el hombre lleva como un peso ontológico, está enraizada en su misma naturaleza. Nos declara Sto. Tomás: "Existe en el hombre un deseo natural de conocer la causa al ver el efecto"[1].

Esta inquietud traducida en el apetito natural del hombre por el conocer, goza de la antinomia esencial a su ser, mas conoce, mas siente la insatisfacción en su conocimiento, mas desea conocer.

Pero el hombre que vive de un modo original esta inquietud, es el filósofo.

Nos lo dice bellamente Ortega: "La filosofía no brota por razón de utilidad, pero tampoco por sinrazón de capricho. Es constitutivamente necesaria al intelecto. ¿Por qué?

Su nota radical esta en buscar el todo, capturar el Universo, cazar el Unicornio. Mas, ¿Por qué ese afán? ¿Por qué no contentarnos con lo que sin filosofar hallamos en el mundo, con lo que ya es y esta así patente ante nosotros?

Por esta sencilla razón: todo lo que es y está ahí, cuento nos es dado, presente, patente, es por su esencia mero trazo, pedazo, fragmento, muñón. Y no podemos verlo sin echar de menos la porción que falta. En todo ser dado, en todo dato del mundo,

[1] S. TOMAS, S. th. I, Q. 12, a. 1.

encontramos su esencial línea de fractura, su carácter de parte y solo parte,, vemos la herida de su mutilación ontológica, nos grita su dolor de amputado, su nostalgia de trozo que le falta para ser completo, su divino descontento[2].

La historia de la filosofía nos muestra con evidencia, como la exigencia radical por conocer, fue palpitado a través de los siglos, pero en cada época histórica con manifestación diversa.

La época que nos ciñe reinterpreta a su modo original esta exigencia. El hombre es el centro que orienta y domina de algún modo la historia del pensamiento actual.

La reflexión filosófica de Gabriel Mercel se nos presenta como un tipo representativo de la edad histórica en que vivimos. De allí el interés que ha despertado en nosotros. Intentaremos descubrir la dimensión del mensaje que quiere aportar a nuestra época.

El filósofo siempre tiene una palabra nueva. El sabe intuir en el momento histórico en que vive, un aspecto nuevo de la verdad siempre inagotable para el hombre.

Nos abre los ojos frente a la realidad en la que transitamos, y no vemos. Su despertar es original: es capaz de contagio; su misión es la de propagarlo.

La reflexión de Mercel se injerta en este marco. Su búsqueda de la verdad se centra sobre todo en el ser eternamente cuestionado: el hombre.

Marcel no busca verdades que sirvan al hombre, sino saber el porqué de la búsqueda del hombre por la verdad. "La distinción entre la verdad particular, que no se puede disociar del proceso verificador, y la verdad como hecho espiritual que no se puede poseer, sino solo participar"[3] expresa una de las temáticas esenciales de su filosofía.

La persona se le revela como participación original en el misterio ontológico por el cual es y del cual depende. Pero el hombre no podrá ser comprendido en su justa

---

[2] JOSE ORTEGA y GESSET, ¿Qué es filosofía?, lect. 5ta., p. 99.

[3] GABRIEL MARCEL, "Lettera Prefazione", en Gabriel Marcel e la Meodologia dell´ Inverificabile, p. 10.

dimensión sino como "comunión", en el profundo dinamismo de su vida "intersubjetiva".

El amor, la felicidad y la esperanza, son signos reveladores de su riqueza. Pero la vida intersubjetiva no puede comprenderse, sin la "exigencia de la trascendencia" que es el "resorte de todo su desarrollo filosófico"[4]. Solo por la trascendencia la persona encuentra sentido y plenitud. La intersubjetividad se ilumina por la trascendencia. En el último sentido de intersubjetividad humana se encuentra en relación al Absoluto. El hombre se revela como participación original del ser Absoluto. Dios es por lo tanto el Recurso Absoluto de la fidelidad, de la esperanza y del amor. El misterio del hombre se desvela en la participación del misterio ontológico que culmina en Dios, fundamento del amor, principio de la fidelidad y termino de la esperanza.

Esta es en breves líneas una presentación que se irá ampliando y matizando en muestro discurso reflexivo sobre una ontología personal de Gabriel Marcel.

Puesta esta orientación introductoria, pasamos ahora en un segundo momento a delinear, solo brevemente, el contexto histórico en el que nace el pensamiento de Marcel. Este contexto nos dará una visión más exacta de lo que es una "filosofía concreta".

II. ANTECEDENTES HISTORICOS

El filósofo como todo hombre, no es fruto de una autosuficiencia creadora, sino que está delimitado por las diversas características socio-culturales-religiosas que determinan de algún modo su reflexión filosófica.

Gabriel Marcel fue permeable al ambiente socio-cultural en que se formó; por esto nos interesa descubrir las corrientes ideológicas que atraviesa su periodo de formación, las cuales nos ayudaran a ver con mayor claridad la dimensión exacta de su pensamiento.

[4] Ibíd., p. 9.

Podemos detectar tres líneas ideológicas que se entrecruzan en el periodo en que Marcel busca una posición definida en cuanto a la orientación de su filosofía. Estas líneas las podemos denominar: el espiritualismo personalístico que tiene como afluente el Idealismo; el científico-materialista y por último la línea de la intersubjetividad, representada por Royce y Hocking. Trataremos de ver, panorámicamente al menos, las características de cada corriente. Descubriremos así el influjo que ejercieron sobre el pensamiento de Marcel, y la reacción vital de Marcel frente a algunas de ellas hasta lograr su personalidad propia como pensador.

1) **El Espiritualismo Personalístico**: Los filósofos de esta tendencia afirmaban la realidad y el primado del Espíritu contra los materialistas; el valor de la experiencia interior contra los Positivistas; y la libertad contra los deterministas. En síntesis, daban un valor central al concepto de personalidad. Así en Francia, Maine de Biran (1766-1824), F. Ravaison Molieu (1813-1900), que insistían en la actividad del espíritu. J. Lachelier (1834-1918), que bajo el flujo de Kant, tendía hacia un idealismo y Boutroux (1845-1921), cuyo tema central era el valor de la ciencia natural.

Lo que nos interesa es ver más de cerca una derivación particular del Espiritualismo Personalístico: El Idealismo, que tiene su gran resurgimiento tanto en Francia con O. Hamelin (1856-1907) y Bruschvicg (1869-1944), como en Italia con Spaventa (1817-1883), B Croce (1866-1952) y G. Gentile (1875-1944) a fines del siglo pasado y comienzos del nuestro.

Nos detendremos más concretamente sobre el pensamiento de Bruschvicg. Ocupa la cátedra de filosofía en la Universidad de la Sorbona, desde 1909 hasta 1940. Gabriel Marcel lo conoce allí como discípulo. Es evidente que su sistema doctrinal tuvo amplia repercusión en el ambiente estudiantil francés.

La doctrina de Bruschvicg es muy próxima a la de Fichte. Enraizada a la vez en Spinoza y en Kant, podría definirse como una kantificacion del spinizismo, o como una spinozificacion del kantismo[5]. En lo que se refiere al idealismo, Bruschvicg en su obra principal "Modalité de Jugement" (1879), nos señala el principio de inmanencia como

[5] ROGER VERNAUX, Historia de la Filosofía Contemporánea, p. 109.

la nota vital de su doctrina: "El conocimiento constituye un mundo que es para nosotros el mundo. Más allá no hay nada: una cosa que estuviera más allá del conocimiento seria, por definición, lo inaccesible, lo incognoscible, es decir equivaldría para nosotros a la nada"[6].

Naturalmente, el idealismo no niega la existencia del mundo como conjunto de fenómenos organizados. Pero funda esta existencia sobre la actividad del espíritu, y niega al mundo que conocemos, toda "existencia en sí", porque el ser en sí es sinónimo de incognoscible. El espíritu, por tanto, si queremos determinar algunos de sus rasgos principales, se define "por la capacidad de formar ideas" o con mayor exactitud, por la capacidad de poner relaciones de donde resultan las ideas. Es pues una "actividad creadora", una "potencia originaria de producción", una "espontaneidad radical". No es un ser, puesto que es él quien pone el ser, es puro sujeto, es acto, el acto de pensar. Afirmar que el espíritu es una actividad espontanea, es afirmar su autonomía. Sólo obedece a las leyes que él mismo se dicta. Libre de toda traba, tanto interna como externa, no tiene naturaleza, es una "virtualidad indeterminada". El espíritu es libertad y aquí se detiene su análisis, puesto que "no hay nada más allá de la libertad".

La historia de la evolución del espíritu es esencialmente la historia de las ciencias, y especialmente de la matemática. Por esta misma evolución el espíritu aspira a la unidad e interrelación o sea busca realizar la ciencia pura. Esta evolución no es dialéctica, sino libre y fluctuante como aparece a través de la historia[7]. En el idealismo de Bruschvicg el influjo de las ciencias aparece clarísimamente de modo que se le puede llamar "idealismo cientista".

Esbozamos así a grandes líneas el pensamiento de Marcel, sobre todo en el periodo de sus últimos pasos en la filosofía. Es testimonio de esta influencia toda la primera parte de "Journal Métaphysique"[8]. Por otra parte se puede notar en su obraun

---

[6] L. BRUSCHVICG, Modalité de Jugement, p. 78, 170.
[7] JEAN WAHL, Tableu de la Philosophie Française, p. 113.
[8] J. M. p. 32, 107, 112, etc. El mismo Marcel lo nota en En Chemin, p. 152. Esta influencia se puede notar también en el trabajo que Marcel hace para obtener el diploma de estudios superiorese, dado a conocer recientemente al público, y titulado "Coleridge et Schelling"; estudia "las relaciones del pensamiento alemán y del pensamiento ingles en el siglo XIX" (p. 13).

esfuerzo consciente y progresivo de liberación del idealismo que culminara con la elaboración de la "Metafísica de la sensación", que tendrá como epicentro el tema de la existencia y el "cuerpo como indubitable existencial". Comprendemos así su evolución hacia una "filosofía concreta".

2) **Cintismo-Materialismo:** El panorama filosófico-cultural a fines del siglo XIX se presenta envuelto en una acelerada evolución cultural.

El progreso siempre más acelerado de las ciencias naturales e históricas conducía a los pensadores a un historicismo relativístico. Sobre todo el influjo de la historia y la biología, en la filosofía, creo una mentalidad evolucionista con respecto a la visión de la realidad de las cosas, que ya no eran consideradas como estables, sino que su verdad se juzgaba relativa a una cultura determinada y a un determinado estadio histórico.

En el intento de diversos autores como Lotze, E. von Hartman, W. Wundt, H. Spencer, que intentaban construir nuevas síntesis especulativas basándose en los nuevos datos científicos, tuvieron un éxito limitado y temporal. La filosofía que tenía su fundamento en las ciencias naturales –que cambiaban continuamente- fatalmente corría su misma suerte.

Los científicos proponían un monismo materialístico, identificaban la filosofía con la ciencia natural, o sea con una teoría cientista. Es la tendencia que se va afirmando más con el progreso de las ciencias[9].

Por su parte los Positivistas, tanto ingleses como continentales, intentaban abolir todo vestigio de conocimiento especulativo, substituyéndolo por el estadio científico de los fenómenos, los cuales son percibidos y dados directamente por los sentidos. De allí que la filosofía se reduce a una parte de la psicología. Las leyes del pensamiento no tienen validez absoluta, sino en la medida en que son extraídas de nuestra experiencia.

Esta corriente está representada por: Hakel (1934-1919) que enseña el monismo evolucionístico; por W. Ostwald (1853-1932) que propone el monismo energético, y E.

[9] Enciclopedia Filosófica, V. IV, págs. 858-864; 1794-1798.

Mach (1838-1916), que bajo el influjo de Kant, reduce todo dato a la experiencia sensible[10].

Esta corriente subdividida en múltiples manifestaciones tendrá una influencia, podríamos decir negativa, una influencia de oposición, en el pensamiento de Marcel. Esta oposición se manifestara constantemente en la orquestada discontinuidad de su pensamiento. Marcel insistirá en la inalienabilidad y singularidad del existente y en el valor de la persona humana como fuente de fidelidad y amor, oponiéndose así a todo tipo de verificabilidad del materialismo cientista-empirista. En sus principios excluye toda metafísica de la persona y de la exigencia de una trascendencia. La reflexión de Marcel tendera a devolver el valor ontológico a la persona, para ubicarla en su dimensión exacta; dejara de ser un "dato objetivo" para convertirse en el centro del misterio ontológico en el cual y del cual participa.

3) **Royce y Hocking o la línea de la intersubjetividad:** Es la tercera corriente que tuvo una influencia notoria en el pensamiento de G. Marcel. "Si he sido llevado más tarde a acentuar tan fuertemente, quizás habrá que decir más polémicamente, la intersubjetividad, ha sido en nombre de una experiencia reforzada o confirmada por la lectura de Royce y Hocking[11].

El mismo Marcel ha realizado un extenso estudio sobre el pensamiento de Royce, publicado bajo el titulo "La métaphysique de Royce", cuya "filosofía corresponde a un momento capital del desarrollo del pensamiento contemporáneo"[12], según afirma el mismo.

El tema de la intersubjetividad tendrá un relieve fundamental en el pensamiento de Marcel, como veremos a lo largo de nuestra reflexión.

Por otra parte no podemos desconocer la influencia de Bergson, a cuyos cursos Marcel asistió por dos años consecutivos.

---

[10] M. FEDERICO SCIACCA, Historia de la Filosofía, págs. 544-557.

[11] GABRIEL MARCEL, El Chemin vers quel éveil?, p. 67.

[12] GABRIEL MARCEL, La Métaphysique de Royce, p. 11.

"A Bergson le debo el haberme liberado del espíritu de abstracción, contra el cual denuncie más tarde su funestas consecuencias[13]. Hemos determinado así, aunque solo sumariamente, el ambiente histórico-ideológico en el que se ha formado el pensamiento de Gabriel Marcel.

[13] GABRIEL MARCEL, El Chemin, p. 81.

CAPITULO I

Proyecto

NUESTRO OBJETIVO

Podemos constatar así la fecundidad de una "filosofía concreta" ya que posee elementos suficientes para ocupar y preocupar a todos aquellos que intentan acercarse a ella; cada una con su modo original y desde diversas perspectivas encuentran riqueza y contenido par su ulterior desarrollo. Nuestro trabajo se caracteriza por una visión original de la persona humana, desde la perspectiva de una ontología personal, en el pensamiento de Gabriel Marcel. Procuraremos sintetizar una ontología personal, que no vimos desarrollada por ninguno de los comentadores de Marcel.

Debemos reconocer, y Marcel no se cansa de repetirlo incluso en sus últimos escritos, que su búsqueda filosófica no puede ser sistematizada en un esquema que se denomine "su filosofía". "La búsqueda que perseguía no contaba con la posibilidad de llegar a realizar un conjunto organizado que podría llamar mi filosofía"[14] afirma.

Pero a pesar de esto podemos constatar como ciertos temas, concretamente, el tema de la intersubjetividad, el del cuerpo, el tema del "haber-ser", etc., nacen, se desarrollan con vigor, vuelven a ocultarse, resurgen con nuevo ímpetu, de modo tal que se puede constatar su órbita permanente y fija en la reflexión de Marcel.

El tema de la persona cautivo nuestra atención en la obra de Marcel, pero desde una óptica más concreta que el de la simple antropología general. Nuestro objetivo apunta a descubrir una ontología personal en su pensamiento, pero en la dimensión de una filosofía concreta y buscando siempre devolverse a la experiencia humana su peso ontológico.

---

[14] Contemporary Philosophy-Philosophie Contemporaine, Vol. III, "La Dominante Existentielle dans mon Oeuvre", p. 171.

Nuestro plan se proyecta pues, de este modo.

El hombre se nos presenta en el plano existencial como "ser en situación", pero en una situación original que lo revela como existente. Y esta existencia la experimenta relacionada con el sentir, y el sentir en relación al cuerpo. De modo que el método central de la metafísica de la sensación es la encarnación[15]; hemos escogido el apéndice "Existence et Objctivité", bajo su luz intentaremos interpretar todas las reflexiones de Marcel dispersas en sus obras, sobre el tema de la encarnación. La existencia manifestada en la encarnación, si la profundizamos, se nos revela en una situación paradojal entre el "ser y el poseer". El hombre determina su existencia por el "ser o el haber". La experiencia nos revela así su "peso ontológico".

La concupiscencia tendrá un papel preponderante en esta elección. El hombre juega su opción definitoria entre el ser y la nada. Nuestra reflexión se ilumina aquí por la "Phénoménologie de L´ Avoir".

Si el hombre opta por el ser, es necesario desvelar su dimensión. Y aquí surge una pregunta fundamental raíz de toda otra cuestión metafísica: ¿Qué soy?

La ontología se basa en un fundamento óntico que constituye un centro de interferencia y comunión entre los seres. El "ser" se nos revela en la intersubjetividad. El hombre se descubre en el misterio ontológico por el cual es y del cual participa. Esta etapa reflexiva la interpretamos con el ensayo "Position et Approches Concrètes du Mystère Ontologique", que según De Lubac "es el aporte esencial de Marcel al pensamiento contemporáneo"[16].

Pero ¿Cómo acercarse al misterio ontológico en el que el hombre se descubre cómo ser?

Según Marcel, este acercamiento se debe hacer no por vía lógica sino por la elucidación de ciertos datos espirituales tales como la felicidad, el amor, y la esperanza. Por estas tres vías intentaremos por lo tanto acercarnos al misterio ontológico que nos

[15] Para comprender e interpretar el tema de la Encarnación como dato central, hemos escogido…
[16] GABRIEL MARCEL, En Chemin, p. 150.

revelara el fundamento último y la razón primera del hombre como ser que vive en la felicidad de su amor y en la aspiración de la esperanza.

El amor como primera vía de acercamiento, la intentaremos realizar bajo la luz de "Le Transcendant comme Métaproblématique", que nos ayudara a redimensionar las reflexiones de Marcel dispersas en sus obras, sobre este tema.

Por el análisis del amor se nos revelara la profunda insatisfacción del hombre que solo podrá encontrar su solución real en la participación inagotable de la Plenitud del Ser de donde dimana.

Para descubrir la dimensión de la Felicidad como segunda vía de aproximación al misterio ontológico utilizaremos "Notes sur la Fidelité" y además "Fidelité Créatrice". Si recorremos a través del análisis profundamente humano y racional la riqueza intersubjetiva de la felicidad,, nos encontraremos con que la felicidad como el amor no pueden tener plena inteligibilidad, su peso ontológico no se nos revela sino por el compromiso absoluto que tiene su origen y fundamento último, en el Ser mismo que es Recurso Absoluto en el compromiso total de la felicidad.

Y por último la esperanza como tercera vía de aproximación al misterio ontológico, la estudiaremos a través de "Phénoménologie de la I´ Espérance". El análisis de la esperanza nos revelara la apetencia del ser, que el hombre posee, quiere ser todo y para siempre; esta apetencia no podrá explicarse sino por un ser que la fundamenta y origina. Que atrae suave y profundamente a todos los seres hacia sí. El hombre por la dinámica de su esperanza se orienta consciente y libremente hacia El. Por tanto el hombre que se nos ha revelado esencialmente como "comunión", encontrara la plena realización de su ser en el Tú Personal.

Podemos ver asi que el ser del hombre por el análisis de la intersubjetividad de su experiencia se nos desvela en la participación plena del misterio ontológico. Su ser, es depender de Aquel que es Amor Original, Felicidad Absoluta, y Esperanza cumplida. Por esta visión la persona cobra dimensión real y encuentra el sentido de plenitud que apasionadamente busca en su vida.

Este es el plan que intentaremos desarrollar, tratando de ser fieles al pensamiento de Marcel. Plan que no hemos visto desarrollado por otros comentadores de su filosofía, de allí la validez original de nuestra búsqueda, dentro del marco del pensamiento rico polifacético como es el de Marcel.

Aclarado el intento, abrámonos a su realización.

VIAS DE ACERCAMIENTO AL MISTERIO ONTOLOGICO

CAPITULO II

Primera vía: El Amor

I. UBICACION

El análisis hasta ahora realizado nos impulsa a estudiar detenidamente las condiciones ontológicas en el pensamiento de Gabriel Marcel.

El misterio ontológico abrirá la posibilidad de una metafísica que tiene como base la experiencia humana, ya que busca "devolverle su peso ontológico". Para captar en el plano metafísico el contenido ontológico de esta experiencia, es necesario, a nuestro criterio, distinguir los diversos niveles de la misma, para luego analizar las "condiciones ontológicas" que la experiencia humana encierra, cuyo estudio, a su vez, nos revelara la exigencia de una Ontología de la Invocación, que nos abrirá el camino hacia una Ontología de la Presencia.

Nuestro propósito se nos presenta audaz y difícil, ya que pareciera mediar un abismo entre la experiencia misma y la Ontología de la Invocación.

Marcel a través de sus reflexiones nos presenta ante todo una búsqueda en el "orden del llamado, una dialéctica evocadora de un mundo escondido y perdido"[17], la presencia velada del ser, que constituye su ontología de la invocación.

Desde el "misterio ontológico", se podrá ascender, y esta es precisamente la cuestión que nos interesa responder, hacia una explicitación de la Ontología de la Presencia, que fundamente e ilumine el llamado que el hombre dirige desde el fondo de su misterio. Explícitamente, a través del análisis de las condiciones ontológicas que

[17] PIETRO PRINI, o. c., p. 149.

constituyen la experiencia del hombre; ¿es posible el paso, hacia la Plenitud del ser, que se revela como Presencia, que ilumina toda la realidad del misterio ontológico?

El camino no es fácil, pero bien vale la pena intentarlo racionalmente.

Se trata, por tanto, de descubrir la base o el vértice que fundamente la antropología humana, el hombre envuelto en el misterio ontológico, en el cual es y del cual participa. No es sino en el fondo cuestionarnos radicalmente, por el ¿Qué soy?, pero esta vez en el nivel más profundo de la experiencia humana. La pregunta cobra aquí un relieve decisivo; el mismo Marcel la considera la clave de toda la metafísica[18].

Nuestro intento es descubrir esta intima presencia del Invocado en el invocante. Se trata a través de la interferencia metafísica, de llegar, por el análisis del pensamiento de Marcel, "a acercarse al misterio ontológico". Este acercamiento se realizara, por los "modos concretos" o las condiciones ontológicas, en las que estamos implicados, como son el amor, la felicidad y la esperanza.

No podemos eludir nuestra responsabilidad ontológica. "Estamos implicados en el ser, no depende de nosotros el salir, simplemente estamos, toda la cuestión consiste en saber cómo situarse en relación a la realidad plena"[19].

Es necesario aclarar, si las condiciones ontológicas, fundadas en la experiencia humana, se disuelven solo en une fenomenología interior subjetivista, circunscrita a la experiencia personal del autor, o ellas son capaces a través del análisis de una "filosofía concreta", de proyectarnos hacia un plano metafísico que se amplíe en el horizonte universal de la condición humana.

Por otra parte, el tema de las condiciones ontológicas, o de los "modos concretos", nos hará ver con mayor claridad la opción radical del hombre, ya estudiada, entre el poseer y el ser. Opción imperativa frente a la cual el hombre necesariamente se debe jugar. O el ser adquiere plena inteligibilidad, en la cual el hombre adquiere plena lucidez de su ser, en la abertura a la Trascendencia, respondiendo así a su llamado, interior a su mismo ser.

---

[18] R. I., p. 92; E. A.., p. 181.
[19] E. A., p. 47.

O el ser perece en el devenir, en la ilusión de la posesión, ya que la desesperación sellara definitivamente con la muerte todo rastro de perennidad en el ser. El análisis de las condiciones ontológicas nos ayudará a aclarar el gran dilema.

El proyecto esta trazado, abrámonos a su realización.

II. LAS DIMENSIONES DE LA EXPERIENCIA

Antes de abordar el estudio de las condiciones ontológicas, nos parece necesario aclarar el tema de la experiencia humana, en la cual aquellas se fundan. Marcel en múltiples ocasiones expone como una meta de su pensamiento filosófico el de "devolver a la experiencia humana su peso ontológico"[20]. De allí que nos parece oportuno profundizar el tema, al menos de paso, en cuanto nos sirva para ubicar el tema de las condiciones ontológicas.

La filosofía no puede desenraizarse de la experiencia. Ni siquiera de la experiencia humana inicial como es el arte y el mito. Puesto que el mito como el arte, son una posición original del misterio del ser en imágenes y símbolos. Si la filosofía se desligara de todo elemento que la vincula a la experiencia, y se atara solo a la razón, tendríamos como fruto el racionalismo filosófico que ha perdido la conexión vital con la experiencia.

De allí que la filosofía exige ser una obra plenamente humana. Una obra en que el hombre busca el último misterio que es el misterio del ser, y en fondo su propio misterio, ya que el misterio del hombre es el misterio del ser[21].

Por ende la metafísica se funda en la experiencia primigenia. Es la ciencia de la experiencia. No es experiencia, ya que es reflexión sobre la experiencia vivida, pero esta fundada en la experiencia y todo lo extrae de la misma. De ahí que la metafísica es la reflexión explicita de la experiencia ontológica.

---

[20] E. A., p. 149.

[21] S. TOMAS DE AQUINO, De Verit. q. 15, a 1, et 16, 1, y III Libro Coment. Sent. Dist. XXXV, q, 2ª 2, questiuncula 3, y S. th. I, q. 79, a. 8.

"La metafísica, sin embargo, para afirmar su validez universal en cuanto sistema, necesita de una constante fecundación por la experiencia; no basta la única y solitaria experiencia inicial para la vitalidad histórica de un sistema, porque la realidad no nos entrega su entraña ontológica de una vez para siempre, sino que se nos va destilando fugaz e intermitentemente en la vivencia de situaciones muy diversas y en diversas coyunturas temporales, y por otra parte, estamos siempre amenazados del peligro de quedar prisioneros de nuestro andamiaje sistemático que nos conduzca muy lejos de la realidad en forma de experiencia metafísica…"[22].

Debe existir una relación esencial con la experiencia. De modo que: "Filosofía y Filosofar no son, pues, una especulación libre y casi arbitraria que pueda permitirse el lujo de prescindir de toda experiencia meditada y tal vez instrumentalmente condicionada"[23].

El objeto formal de nuestro intelecto es el ser. El existir se nos revela en el ser y mediante el ser. El ser se nos presenta plenamente patente por la experiencia óntica, y el ser plenamente inteligible por esta experiencia (terminología que luego aclararemos) nos revela el existir. Y así por la mediación de la experiencia óntica alcanzamos la plena inteligibilidad del ser en el existir. Ya que el ser plenamente inteligible se nos revela en el existir. Por la experiencia del ser, llegamos a la experiencia del existir.

Por abordar el tema de la experiencia, nos parece oportuno estudiarla en sus diversos niveles, permitiéndonos así la comprensión total de la misma. Es como si con un lente microscópico estudiaremos los diversos estratos de la materia.

Antes de pasar al análisis de la experiencia en sus diversos niveles, es necesario reconocer la experiencia primigenia, como experiencia básica.

La experiencia primigenia es la base y el fundamento original de nuestro conocimiento, que precede al acto de juicios y de la cual el acto mismo es extraído. La experiencia primigenia implica una realidad estructurada en la singularidad y unicidad

[22] LUIS CENCILLO, **Experiencia Profunda del Ser,** p. 10.
[23] LUIS CENCILLO, op. cit., p. 11.

de la cosa, con su esencia y su existir. Y por ellos la singularidad de la cosa se nos presenta inteligible. Este es el primer grado de la experiencia primigenia.

El segundo grado, que podemos distinguir, será el acto de juicio, que se origina por la composición: Sujeto-copula-predicado, sino más bien por la distinción de los elementos contenidos en la singularidad de la cosa. Distinguimos en el con mayor claridad: la cosa, su esencia y su existir. Este es el juicio primero que se origina en la experiencia primigenia, sin negar el juicio de composición que vendrá después.

Y por último un tercer grado, donde cada uno de los elementos se separan distintamente y se entienden separadamente. La esencia y el existir. Con los elementos por los cuales la realidad singular es inteligible. Aquí ya se da una reflexión sobre la experiencia. De estos tres grados, surge el juicio de experiencia, que nos es sino la expresión de la experiencia misma.

Puesta esta nota aclaratoria sobre la experiencia primigenia, podemos adentrarnos para reconocer los diversos niveles de la experiencia misma. Nuestro análisis se basa en el de Lotz, no es el único en esta materia, pero a nuestro juicio es adecuado para el desarrollo de nuestro tema.

1) La experiencia óntica:

"El contenido de tal experiencia expresa en cada caso lo que concretamente existe, por esto con todo derecho podrá denominarse experiencia óntica"[24].

Capta a cada ser en su fuerza viva, en la presencia de su realidad corpórea; en el ser que habla, al hombre.

El ser concreto a que se refiere, es este nuestro mundo de realidades sensibles, sean cosas o personas. La experiencia óntica contiene por lo tanto, en sí, un elemento intuitivo, o sea la intuición de esta realidad singular, concreta, existente, y que nos es otra cosa que la intuición sensible. Pero cabe preguntarse ¿la experiencia óntica implica solo la intuición sensible?

[24] JOHANNES B. LOTZ, Der mensch in sein, p. 411.

Podemos responder afirmativamente, en cuanto se refiere a la experiencia en el animal, ya que toda su experiencia se reduce a la esfera de la intuición sensible; pero no es así con respeto al hombre. En la experiencia del hombre nos encontramos con un acto plenamente humano. Un acto humano que contiene implícita o inconscientemente la abstracción. Por ello la experiencia óntica no puede coincidir con la intuición sensible, ya que contiene en si elementos que no son solo y exclusivamente intuitivos. Al dialogar con un hombre, no solo lo percibo como hombre, sino como este hombre, que implica una plenitud y participación en el ser. Y así la experiencia óntica implica una cierta elaboración inteligible, que sobrepasa la mera esfera de la intuición sensible.

Adentrándonos más en el tema, podemos distinguir en la experiencia óntica, un sentido subjetivo y un sentido objetivo de la misma. La experiencia óntica objetiva está considerada parte del objeto, como por ejemplo, "en este momento llueve". Y la experiencia óntica subjetiva considera al sujeto que vive la experiencia, en cuanto la experiencia envuelve al sujeto, de modo tal que el sujeto no queda indiferente, sino que él mismo es movido por la experiencia en su emotividad, en su libre voluntad. Este tipo de experiencia óntica subjetiva vale sobre todo con respeto a la persona; veo un ciego y su ceguera me conmueve. Pero la experiencia óntica se realiza cuando se conjugan ambos aspectos.

El elemento subjetivo no puede separarse del elemento objetivo, porque de lo contrario el elemento subjetivo deviene subjetivistico. De allí la necesidad de la compenetración mutua de ambos elementos. La experiencia óntica, no solo pertenece al ámbito del conocimiento, sino que implica a todo el hombre, es percepción plenamente humana ya que todas las facultades cognoscitivas fundan la misma: sensibilidad, razón e intelecto.

Por tanto la experiencia óntica, contiene la experiencia ontológica como propia condición de posibilidad.

2) La experiencia ontológica.

"Se llama ontológica porque es el Logos del On, o notifica el ser como fundamento de los seres"[25].

Por lo tanto en la experiencia ontológica tenemos el ser concreto, la realidad sensible, y la experiencia de este ser concreto en relación a su fundamento, Razón o Logos. La razón próxima de este ser concreto en su esencia, y la razón última es su "existir" mismo. De allí que en la experiencia óntica, ya que está contenida la experiencia ontológica, la esencia y el existir. En esta esfera hay una mayor profundidad de penetración en la realidad la quididad y el existir, sin embargo cabra preguntarse ¿podemos tener una experiencia de la esencia misma y del existir? ¿Es capaz el hombre de tener una experiencia de las mismas? Alcanzamos la esencia y el existir, no de un modo abstracto, separado de la realidad singular, sino como constitutivos de la realidad singular. Solo así podremos hablar de una experiencia plena sensible. Si bien es cierto que en la realidad sensible alcanzamos la realidad singular. La experiencia plena de la realidad singular, contiene por lo tanto, también la experiencia de la esencia y del existir.

Es necesario notar a modo de aclaración, una vez más, la unidad indisoluble entre la experiencia óntica y la ontológica, ya que la segunda está contenida en la primera. Si la experiencia óntica se reduce meramente a los elementos sensibles, reducimos esta experiencia al fenomenismo, que es precisamente la posición positivista. No tenemos por tanto, la experiencia del ser, sino solo fenómenos. Y esto es lo que afirma expresamente la corriente de pensamiento llamada positivista: nuestra experiencia alcanza solo a fenómenos y no a los seres. En esta línea de pensamiento la experiencia no es capaz de contener elementos superiores. Por eso afirmamos que la experiencia óntica es ya implícitamente ontológica, de lo contrario se destruye. Porque ya no captaría el ser, ni su contenido esencia y existir, sino que se reduce a una percepción de fenómenos. Luego es necesario afirmar, que la experiencia ontológica, que percibe la "razón" del ser: Logos tou´ ontos.

---

[25] JOHANNES B. LOTZ, o. c., p. 412.

Siguiendo nuestro razonamiento sobre la posibilidad de la experiencia de la esencia y del existir, habiendo visto que es posible una experiencia de los mismos, el problema por resolver es saber cómo los percibimos. ¿Sera por el acto de abstracción misma?

Y esto nos lleva a estudiar el acto mismo de abstracción, distinguiendo un doble tipo de abstracción: explícita o implícita.

La explícita excluye ciertamente toda experiencia porque dice separación. Separación de esta esencia, de este existir, de un individuo determinado. Esta abstracción supone la experiencia, sigue a la experiencia, pero no es experiencia. La esencia y el existir se expresan por sus propios conceptos, que son distintos de la realidad singular de la cosa.

La abstracción implícita, que llamamos reducción, ya que el ser se reduce al Logos, a la esencia y al existir, no hay separación de la esencia y del existir, de la realidad singular de la cosa; se hace la reducción de la cosa sensiblemente percibida a su esencia y su existir. En esta reducción tenemos elementos que se distinguen pero no se separan. Distinción no es separación, notemos bien esto. En un hombre el alma y el cuerpo lo podemos distinguir, pero solo se separan con la muerte. Así tenemos también una distinción entre la realidad singular, su esencia y su existir. Esta distinción se realiza en la unidad del todo, de la cosa singular. Por la tanto tenemos la distinción del doble logos, esencia y existir, en el ser, pero no la separación. Y esta distinción pertenece a la constitución de la experiencia. Solo la experiencia es posible en cuanto la distinción se realiza en el todo, en el todo de la realidad singular de la cosa. Este es el punto central. La esencia y el existir no se expresan por sus propios conceptos separados de la cosa. De allí que en toda experiencia humana concurren: la sensibilidad: en cuanto tenemos la imagen sensible; la razón: en cuanto percibimos la esencia; y el intelecto: en cuanto percibimos el existir. El acto de la experiencia es un todo, donde se distinguen estos tres elementos, pero permanecen en el todo. Es la misma realidad pero se percibe a diversas profundidades:

Sea en su forma sensible, sea en su esencia, sea en su existir.

En el mismo acto tenemos diversas experiencias parciales, a diversos niveles:

-intuitiva en cuanto a la forma sensible.

-y no intuitiva en cuanto a la esencia y al existir. Si bien estos últimos no son intuitivos sin embargo caen en la órbita de la experiencia. De modo que tenemos experiencia del mismo existir, y esto es un dato fundamental de toda la Metafísica. La fundamentación de este análisis la podemos encontrar en Sto. Tomas[26].

De modo que el enfrentarnos con la realidad desde el punto de vista de la experiencia misma, se nos presenta claramente dos niveles: La experiencia óntica (la experiencia de los seres), y la experiencia ontológica (experiencia del existir). Esta última nos presenta el existir como el garante ultimo de la realidad de los seres. El fundamento, que subyace, reúne la multiplicidad óntica, como ultima raíz, en el cual y por el cual la realidad es. La experiencia óntica se explica y encuentra su razón en la experiencia ontológica. El ser en el existir. De modo que por la experiencia óntica el hombre penetra en el estudio de la realidad a través de las ciencias particulares, y por la experiencia ontológica, la reflexión humana se proyecta en la metafísica, que es la ciencia fundada en la experiencia y toda su elaboración posterior tendrá el fundamento en la misma. Pero nuestra reflexión no se detiene en este estudio. Ya que nuevas cuestiones surgen frente a nuestra inteligencia, que promueven nuestro discurso racional.

El existir indeterminado ¿se presenta como razón última de la experiencia ontológica?, ¿se fundamenta en sí mismo?

¿Su principio de inteligibilidad proviene de sí mismo? O ¿requiere una mayor determinación, como principio de la realidad implícito ya en la experiencia óntica, y explicitado luego en la experiencia ontológica?

Estas cuestiones nos abren la perspectiva para continuar nuestro discurso racional, en lo que llamaremos la experiencia metafísica.

---

[26] STO. TOMAS DE AQUINO, De Ver., p. 1, A. G.

3) La Experiencia Metafísica.

"Hasta aquí la temática de la experiencia ontológica, que encierra en su contenido la referencia del Ser Subsistente, será en el exacto sentido de la palabra, una experiencia metafísica"[27].

Hemos procedido así por etapas en nuestro estudio sobre la experiencia. La experiencia óntica implicaba la referencia al ser, pero a su vez contenía en si la experiencia ontológica, que fundamentaba la experiencia óntica de los seres en el existir o ser indeterminados, y ahora por último la experiencia metafísica, explicita el existir indeterminado, en Ser Subsistente, que se nos revela como el fundamento original y la raíz inicial de todo lo existente, no sin un largo y penoso proceso de reflexión metafísica.

La realidad óntica, no puede ser pensada sin la ontología, y la ontología sin la metafísica. No podemos pensar el ser, sin el existir que lo funda, y el existir sin la relación al Ser Subsistente. El análisis de las condiciones ontológicas se ubican precisamente en este plano, ya que por ellas y a través de ellas, basadas en la experiencia, intentaremos encontrar la Plenitud del Ser, el cual y hacia el cual el hombre está orientado, ya que las condiciones ontológicas son una exigencia de ello.

La experiencia metafísica esta implícitamente contenida en la experiencia ontológica, como la ontología en la óntica. Y así vemos que la metafísica hunde sus raíces en la experiencia, y es una reflexión sobre la misma. La metafísica se funda en la experiencia y no es más que la experiencia plenamente desarrollada en su inteligibilidad. De modo tal que la experiencia óntica se explicita en la ontología, y la ontología en la metafísica. Hay un desarrollo de lo implícito a lo explícito. De los seres al Ser; en el que y por el que la realidad óntica encuentra su fundamento.

De modo que nuestro paso a la Trascendencia, al Ser Absoluto, que será la garantía en la Fidelidad, el fundamento del Amor, y el proyecto último de la esperanza humana, no se hará por vía de exterioridad. O sea: en el comienzo solo tenemos el

[27] JOHANNES B. LOTZ, o. c., p. 431.

conocimiento de las creaturas, del ser contingente, y aplicando a las creaturas el principio de Causalidad llagamos al Ser Absoluto. El camino de Marcel implícitamente pareciera seguir, es el de: el Absoluto implícitamente conocido al Absoluto explícitamente re-conocido por el hombre. Del tú escondido, en la interioridad personal del hombre, al Tu manifestado por las condiciones ontológicas que constituyen la interioridad personal del hombre.

La invocación es el signo de la presencia del Invocado en el Invocante. Ya que el hombre a través de todo su ser manifiesta la búsqueda por Aquel en el que presiente la respuesta radical de su existencia.

No se trata por lo tanto de reconocer solo la Inmanencia del ser, negando su trascendencia como lo hace el Panteísmo, ni tampoco de afirmar la Trascendencia negando la inmanencia del ser, sino de reconocer la Trascendencia de lo Absoluto en la Inmanencia de la experiencia humana. Esta es la vía de la interioridad que emprende Marcel para abrirnos al paso de la Trascendencia, por esto mismo hemos analizado los diversos niveles de la experiencia ya que nos ayudarán a la clarificación de este objetivo.

A modo de paréntesis podemos notar que Sto. Tomas, hereda primero la línea Agustiniana pasando luego al Aristotelismo, pero sin hacer la síntesis de ambos pensamientos, con respeto al conocimiento implícito. Recorremos brevemente algunos textos que nos puedan iluminar para comprender nuestra afirmación.

Afirma Sto. Tomas que conocemos a Dios "según su semejanza y no según su naturaleza"[28].

Y añade: "nada se desea ni nada se conoce, sino en cuanto se posee la similitud de lo mismo"[29]. Más adelante, en el mismo Comentario del Libro de las Sentencias afirma, que existe en el hombre una intimidad radical con relación al Absoluto, que hace imposible su negación en su misma raíz[30]. Por el análisis de este texto, análisis que aquí

[28] STO. TOMAS DE AQUINO, 1 Sent., Dist. 3 Q. 1, a. 2.
[29] Ibíd.
[30] 1 Sent., Dist. 3 Q. 4, a. 5.

omitimos, podemos deducir claramente, sin traicionar el pensamiento de Sto. Tomas , que él mismo enseña un conocimiento implícito de Dios y del alma, (que nunca se interrumpe), y que todo acto de intelección contiene. Explícitamente, por la tanto conocemos la realidad mundana, e implícitamente a Dios y al alma.

Estos textos del Libro de las Sentencias los podemos comparar con el de la Suma Teológica[31].

Expone el Doctor Angélico, que la felicidad no es totalmente determinada, no es totalmente confusa, sino que la felicidad tiene una íntima medida en sí, que es Dios. Por ello que el que desea la felicidad desea implícitamente a Dios. Solo puede ser conocido explícitamente por el discurso racional.

No nos detendremos en el pensamiento de Sto. Tomas, insinuamos simplemente su afinidad con nuestra argumentación.

4) Dimensión de la Experiencia.

Ubicada la experiencia en su triple dimensión, abordaremos el análisis de las condiciones ontológicas, para percibir en cada una de ellas su "peso ontológico", y por ende la exigencia de una abertura a la Trascedencia.

¿Cuál es el sentido del hombre, que ama en la felicidad y se afirma en la esperanza?

Las condiciones ontológicas encierran el sentido de la vida humana. Frente a ellas brotan permanentemente cuestiones que nacen de la inquietud perenne del hombre. El no solo cuestiona el ser, sino que se cuestiona a sí mismo en el ser. El ¿Qué soy? Planteado inicialmente por Marcel, se ahonda en la interioridad del hombre que ama y espera.

El estudio de las condiciones ontológicas ¿nos revelaran una Ontología de la Invocación, que a su vez nos desoculte una Ontología de la Presencia?

[31] S. Th I, q. 87, a 1; S. Th I, q. 84 a. 5. De Ver. XXII, a. 2.

Este es el objetivo de nuestro análisis.

El pensamiento filosófico de Marcel, más intuitivo que explicativo.

¿Contiene en si gérmenes que nos posibilitaran encontrar el fundamento último de las condiciones ontológicas que constituyen la experiencia intersubjetiva del hombre?

¿Cómo realizar el paso de la experiencia ontológica a la experiencia metafísica?

¿Cuál es la garantía de la Fidelidad, la Fuente del Amor y el horizonte de la Esperanza?

Nuestra reflexión requiere tratar cada condición ontológica en particular para encontrar el núcleo vital que nos aproxime a vislumbrar el sentido último del hombre.

"Las aproximaciones concretas del misterio ontológico deben ser buscadas no en el registro de un pensamiento lógico cuya objetivación plantea una cuestión previa, sino más bien en la elucidación de ciertos datos propiamente espirituales, tales como la felicidad, la esperanza y el amor"[32].

Es por esto que orientamos nuestra reflexión hacia el análisis particular de cada una de ellas.

"Las aproximaciones de la trascendencia son irreductibles al empirismo y a un vago sentimentalismo. Ellas son el lugar de una autentica reflexión metafísica, de una toma de conciencia que obliga al hombre a sondear hasta las profundidades de su ser, y a escuchar una palabra liberadora y reveladora de sí mismo, manifestándole que no se pertenece"[33].

Ubicados en el tema preparatorio, pasamos al análisis de las condiciones ontológicas o "aproximaciones concretas" del misterio ontológico.

---

[32] E. A., p. 173.

[33] Ch. WIDMER, Gabriel Marcel et le Théisme Existentiel, p. 165.

III. EL AMOR COMO CONDICION ONTOLOGICA.

Al abordar el tema del amor y tratar de descubrir su "peso ontológico", como aproximación concreta al "misterio ontológico", es necesario una vez más precisar nuestro propósito. Nuestro intento en esta última parte al hacer el análisis de las condiciones ontológicas, es el paso de la inmanencia a la Trascendencia del Ser. Como ya lo hemos notado en diversas oportunidades, intentaremos explicitar el contenido de intuiciones profundas captadas por Marcel, para ver sus alcances y dimensiones metafísicas. Desvelar el ser que implícitamente funda el misterio ontológico, explicitar el Tú Absoluto que es el principio original de toda relación de dependencia por la cual los seres viven en el amor de la comunión ontológica. El Tú, que es el Absolutamente otro, tan íntimo a nosotros, que ya nos es, ni tú, ni él, pero que constituye a ambos en la riqueza insondable del "yo" personal.

Este proyecto reflexivo se realizara en el gran plano de la experiencia humana, como una exigencia de la "filosofía concreta". Pero este lapso fundamental de la experiencia será analizado a diversos niveles de profundidad, como ya lo explicitamos al estudiar la experiencia óntica, ontológica y metafísica. Se trata por tanto de una reflexión que se prolonga de lo implícito, plano óntico, y a la explicito, plano ontológico. Este análisis ¿nos acercara el plano metafísico y a la Plenitud del Ser?, que se nos deberá revelar como el Vértice iluminador de todo el amor humano, según el pensamiento de Marcel.

1) El Amor privilegio de la Persona Humana:

Al mirar la historia de la filosofía moderna podemos afirmar, que la reflexión filosófica se había centrado sobre el problema del conocimiento.

Este problema que aglutino la reflexión filosófica durante largo tiempo, hoy, a perdido vigor.

En la época contemporánea, ya no llamara tanto la atención la oposición sujeto-objeto, sino que la reflexión se ha centrado sobre la relación sujeto-sujeto. No se trata solo de comprender, sino de comprender y amar. No solo se considera el "ser intencional" del conocimiento, sino el hombre que es capaz de comprehensión y entrega en la donación del amor. El dialogo perfecto entre personas solo se realiza en el amor. Y esta es la nota distintiva de la persona. En el amor humano podemos distinguir un doble aspecto, distinción que proviene desde de los albores de la filosofía: el amor pre-personal llamado "eros", y el amor personal llamado: "filía", o amor en el sentido pleno de la palabra.

Platón desarrolla especialmente el concepto de "eros", en su dialogo: Fedón, o del alma[34], sin dejar de mencionar el amor personal o filía.

Pero este segundo aspecto es desarrollado sobre todo por Aristóteles, en su Ética a Nicómaco.

En su visión realista del hombre, Aristóteles señala las imprescindibilidad de la amistad en la existencia humana: "es absolutamente indispensable para la vida"[35]. Distingue luego tres tipos de amistad, útil, agradable, virtuosa; de acuerdo a sus respectivas motivaciones. Pero solo la última perdura "pues es propio de la virtud es ser duradera"[36].

El amor personal o filía es el amor de amistad, mientras el eros, se caracteriza porque proviene por el impulso espontaneo de la naturaleza. De modo que en eros tenemos todo el hombre, pero considerado de parte de la naturaleza animal, mientras en el amor personal o filía consideramos todo el hombre, pero de parte de su personalidad.

En el eros tenemos la acentuación del aspecto que es prepersonal en el hombre, pero que constituye e implica su unidad. El eros surge por el impulso natural, innato en la misma naturaleza de la persona humana.

---

[34] PLATON, FEDON, 64 D/66 a., págs. 626 ss.
[35] ARISTOTELES, Etica Nicomáquea, Lib. VIII, c. 1, 1154b/1155ª, p. 1269.
[36] ARISTOTELES, op. Cit, Lib. VIII, C. 3, 1156b/1157a, p. 1272.

Mientras que en el amor personal, acentuamos el aspecto personal, el constitutivo formal de la persona, que implica a su vez a todo el hombre, y que de ningún modo puede decir separación o disociación, sino unidad original en un mismo y único sujeto.

Este amor personal está dotado de libertad.

La diferencia esencial entre el amor pre-personal y el personal, se percibe desde el punto de vista de sus objetos.

El eros se extiende al horizonte limitado del bien individual o de la especie. No puede trascender la especie misma. Mientras el amor-personal tiende al Bien que es limitado. Pero hay una compenetración mutua entre ambos. Ya que lo bello es siempre bien, y el bien se nos presenta bajo el aspecto de lo bello. Luego si el eros tiende a lo bello, mediante lo bello tiende al bien, y el amor personal si tiende al bien se mueve al bien por la belleza. El eros como lo dice Platón, se origina por la carencia que la persona no posee. Tiende al otro, por la carencia en sí mismo, de allí el origen de su tendencia egocéntrica.

El amor personal, por el contrario, implica comunicación, porque se origina de la plenitud de la persona. Porque la persona está enraizada en la plenitud del ser, y por esta plenitud se da y se comunica a los otros. Es por esta plenitud del ser que la persona se posee, y por el hecho de poseerse, es capaz dc donación y amor. De allí su privilegio exclusivo.

Marcel no estructura su reflexión sobre esta distinción, pero no la desconoce[37], vuelca su reflexión sobre el amor personal, buscando en él su "peso ontológico".

2) El Amor-Personal.

Si consideramos explícitamente este aspecto del amor personal, como tal, tenemos que afirmar que no ha sido elaborado explícitamente por Marcel, en un texto central, como es el caso de la fidelidad y de la esperanza.

---

[37] GABRIEL MARCEL, Presenza e Inmortalitá, en Giornale Matafisico, p. 513.

Los elementos reflexivos sobre este aspecto se encuentran diseminados en diferentes obras[38].

"Sera oportuno decir que el amor posesivo es egocéntrico, mientras que el amor oblativo es "eterocéntrico"[39], en el análisis de este último nos detendremos.

El amor como signo de la plenitud de la persona es imposible de objetivizar. Es esencialmente intersubjetivo. Por aproximaciones concretas nos acercaremos a él tratando de descubrir algunas de sus condiciones y exigencias.

El amor escapa a la esfera de la verificable, no puede verificarse sino en el "misterio", en el que somos y del cual participamos. Trasciende la esfera de lo problemático. La única manera de pensar concretamente el amor es amando. Po la tanto para nuestro análisis tendremos en cuenta, como lo hace Marcel, la experiencia de la amistad y del amor conyugal. No se trata por lo tanto de "objetivizar" el amor, sino de acercarse pausada y humildemente a esta realidad misteriosa, para tratar de penetrar en su contenido ontológico. Al considerar a la persona humana, la experiencia misma nos atestigua con evidencia, la necesidad esencial del "otro". O sea de un tú, como centro de respuesta y comunicación. Si el ser del hombre implica una participación en la fraternidad de una existencia, esa fraternidad ontológica implica comunicación y donación, para la plena realización de su ser. "La persona no puede jamás aislarse de la sociedad, sin que esto provoque su despersonalización progresiva y su decadencia, ya que los valores que la definen, pensamiento y amor, no puede nutrirse sino de la comunicación con otras personas. Si la persona tiene que luchar para su conquista y realización, no se trata solamente de la lucha biológica del individuo en el seno de una especie (lucha por la vida), sino de un combate espiritual por el cual el hombre, lejos de encerrarse en sí, en su egocentrismo consentido, busca realizarse en el amor"[40]. De allí que "el amor surge como invocación, como llamado del yo al yo"[41].

[38] E. A., R. I., H. V., P. I., M. E., Obras que luego citaremos determinadamente.
[39] P. I., P. 513.
[40] REGIS JOLIVET, "Autour de la Personne Humaine. Notes pour une Ethique Perconnaliste", en Archives de Philosophie, p. 113.
[41] J. M., p. 217.

Desde el fondo intrínseco de la persona, hay una necesidad de comunicarse, de darse, que brota de su plenitud, pero paradójicamente, el único modo de enriquecerse es, en y por la donación. En la abertura y entrega de sí mismo. Se requiere humildad de parte de aquel que invoca y disponibilidad de parte del invocado. La invocación exige así una presencia entre el tú y el yo, mutuamente presentes en el amor. "El individuo, tú no eres nada, tú eres cuando amas"[42].

Por eso la indisponibilidad que brota del orgullo es el impedimento insuperable para el amor. De modo que aquel que pretende bastarse a sí mismo es incapaz del "llamado ontológico".

La indisponibilidad se nos presenta como la raíz de una falsa autonomía y como fundamento del "haber", que oculta el verdadero rostro del "ser". Por eso Marcel "define la vida espiritual toda entera como un conjunto de actividades por las cuales tendemos a reducir en nosotros la parte de indisponibilidad"[43].

De modo que le amor solo puede ser concebido en la esfera de la disponibilidad, ya que se presenta como condición esencial para la realización del amor. Mas yo no soy, ni puedo realizar mi ser, sino en y por la comunión con los otros. Mi ser no se comprende sino en la abertura y donación por el amor. "El amor es la única sociedad humana, porque es comunión"[44].

El amor que brota de la disponibilidad hace que "mi vida cambie de centro"[45].

En jugar de considerarla como "un haber", como una posesión que intento retener y que inevitablemente escapa de mis manos, ya que esencialmente está amenazada por la muerte, el amor me revela la vida como un don. "Lo mejor de mí no me pertenece, no soy de ningún modo propietario, sino depositario"[46]. La exigencia intrínseca que brota de mi ser, como la expresión de un llamado que me ha sido lanzado y que me urge a la

[42] CONSTANTIN BRUNER, l´ Amour, p. 180.
[43] E. A., u. 100.
[44] JEAN LACROIX, Personne et amour, p. 14.
[45] J. M., p. 217.
[46] H. V., p. 22.

comunicación y donación con el tú del otro, me hace ver con claridad que "no hay nada en mí que no pueda ser o deba ser mirado como don"[47].

Mi ser como don necesariamente se proyecta en la donación del amor, que no es sino la manera más perfecta en la cual y por la cual realizo mi ser. Y el amor revela el ser "según se es, así se ama. Por esta razón podemos hallar en el amor el síntoma más decisivo de lo que una persona es"[48].

Por tanto el amor no se puede realizar en el plano de una comunicación extrínseca, como sería la de una mera información. Esencialmente el amor implica una comunión intrínseca entre el tú y el yo, una comunidad vital que se constituye en el "nosotros".

La comunión viviente se establece cuando el yo se proyecta por la oblación en el tú. Proyección del sujeto en el sujeto, superando así el plano del mero conocimiento (que es proyección del objeto en el sujeto). En el amor se da una proyección recíproca, del yo en el tú y del tú en el yo. Esta proyección involucra la mutua unión, unión que comienza en el conocimiento, pero que se realiza plenamente en el amor. De modo que el amor es oblación del yo al tú.

Donación mutua, del uno para el otro. Donación que exige como característica esencial, el que se realice en la libertad, de lo contrario la unión no sería personal, puesto que no sería un acto de la persona humana, ya que la misma persona se destruiría si se destruye su libertad. El amor solo es acto de la persona cuando es libre. Este acto libre de donación del yo al tú, crea una "copresencia", en el "nosotros". Esta comunión en "nosotros", implica una presencia que une a los participantes, "cuando yo digo que un ser me es dado como presencia o como ser… porque no es un ser para mí sino es una presencia"[49]. Esta presencia trasciende las categorías "ante mí" o "en mí", y cobra

[47] H. V., p. 23.
[48] JOSE ORTEGA y GASSET, Estudios sobre el amor, p. 51.
[49] P. A., P. podemos notar la diferencia con la consepcion de Sartre. Emmanuel Mounier, Intrduction aux Existentialismes, pgs. 116-17 y ss.

significado del influjo o aporte interior, que se realiza cuando la presencia se hace efectiva"[50].

De modo que la comunicación que se manifiesta por la presencia, que a su vez implica un "aporte o influjo interior", entre dos seres que se conjugan en el nosotros, manifiesta una nueva realidad: "co-esse", donde el tú y el yo no se anulan, sino que constituyen esta nueva creación, que ya no es ni el tú ni el yo, pero que a su vez es la realización de ambos en una nueve esfera, en un "nuevo ser", donde cada una de ellos conserva su identidad y riqueza personal, aunada en la participación del "nuevo ser".

Es aquí precisamente donde se injerte el tema de la felicidad, tema que estudiaremos más adelante, puesto que prolonga la presencia, perpetua su acción y renueva sus beneficios.

La "presencia" manifestada en el "nosotros", reposa y se funda en un acto constantemente renovado. Indicamos de paso la línea de inserción.

Pasamos pues a considerar ahora, a través del análisis metafísico el significado de la "presencia en el co-esse", donde el yo y el tú encuentran su epicentro, para intentar desvelar su contenido ontológico.

3) La nueva creación.

Trataremos de comprender esta co-presencia del tú y del yo en el "nosotros", que constituya la nueve creación, el "nuevo ser".

¿Cuál es el alcance y el sentido de esta nueva realidad, fruto de la unión intersubjetiva del tú y del yo?

Esta co-presencia exige un nivel de profundidad que supere el plano epidérmico de la comunicación de las personas, uno al lado del otro, ya que esto puede ser suficiente para la comunicación pero no para la comunión intersubjetiva. El entiende mis palabras, pero no me entiende.

---

[50] P.A., p. 291.

La co-presencia que el amor revela, supone el paso del yo superficial, ubicado en el plano de la comunicación, al yo profundo, abierto al tú del otro en la comunión del nosotros. El "yo soy", tú eres, en el amor no son sin el "nosotros somos".

Para realizar por ende mi ser personal, en esta co-presencia del amor, no hay otro camino sino el de la donación intersubjetiva. Más me doy al otro, mas me abro al tú del otro, mas devengo accesible a mí mismo y mas encuentro el sentido de mi profundidad ontológica.

La personalización de mi ser se realiza en la comunión del "nosotros", en la medida en que comprometo mi ser personal, como donación, en la creación interior y dinámica que el "nosotros" exige. De modo que mi ser personal no se realiza, sino a condición de abrirse a la comunión o co-presencia. Yo no soy sino en el "co-esse". Es decir que el ser se nos revela en y por el amor.

La co-presencia que se nos manifiesta en el "co-esse", no es sino el amor que surge como nuevo ser, una nueva y maravillosa creación en el cual comulgan y se fundan el tú y el yo personales. El co-esse no es sino la elevación y manifestación de ese nuevo ser, que surge de la comunión en el nosotros. De modo que el amor en su significado más ontológico es "una reciprocidad creadora". Ninguna experiencia del otro como "tú", puede ser revocada o fundada, sino en una relación de amor. Por esto el concepto central de la ontología de Marcel es precisamente: "ese est coesse", "el ser es co-existir". El ser es co-presencia del yo y del tú, en el nosotros. El yo y el tú se encuentran el uno en el otro y son los factores activos y dinámicos de su verdadera personalidad, en esta nueva creación fruto del encuentro amoroso entre ambos. De modo que el amor se revela como el acto primero que los funda y constituye como personas. Cada uno participa en su medida para realizar esta nueva creación, esta co-presencia en el amor. Cada ser es insustituible en este encuentro "nadie puede ponerse en el puesto de aquel que cree o que ama puesto que éste coincide con su puesto"[51].

Las personas que realizan este nuevo encuentro en el amor, se comprometen total y absolutamente para crear este nuevo ser. Esta nueva creación que los constituye en el

[51] J. M., p. 303.

ser, no tiene una carácter estático, sino que implica el dinamismo vital, que se ahonda en el tiempo y se solidifica a través de la historia personal de aquellos que la constituyen[52].

"El amor autentico es siempre la unidad por realizar, por crear, puesto que es renovación sin cesar, llamado constante al otro. Nada esta jamás adquirido: todo está siempre por ser reconquistado, por ser recreado"[53].

De modo que este "co-esse" no se puede concebir estáticamente, sino que implica el compromiso vital del uno para el otro, en la comunión del "nosotros", que se abre cada dia con perspectivas insospechadas y obstáculos permanentes que serán factores de solidificación en esta creación recíproca. "Siendo siempre amenazada por la libertad de romper el lazo de unión, le es necesaria una vitalidad, una tensión, una espontaneidad creadora, inventiva, que encuentre y re-encuentre el camino del otro"[54]. Esta co-presencia en el nosotros, no puede ser objetivizada. El amor solo puede ser conocido como: "misterio".

Es un misterio por aquellos que lo viven, y por los otros no es sino un problema, que muchas veces no son capaces de comprender. Esta realidad vital, que se nos revela en el co-esse, no la hemos elegido; somos llamados por el amor, envueltos en él, de modo tal que este misterio acontece en nuestra vida, sin que nosotros podamos salir ni sobrepasar sus fronteras. Estamos en él. Eso es todo.

El concepto de co-presencia, revelado en el co-esse como realidad que nos constituye y envuelve en el ser, nos obliga a proseguir el análisis metafísico, a través del planteamiento de nuevas cuestiones.

¿Qué es aquello que funda esta "reciprocidad creadora", en la comunión del co-esse, manifestada en el amor?

Este ser, personal, que hemos descubierto como perfección y amor, ¿encuentra un fundamento del mismo?

---

[52] "Es por los otros y en la medida en que nos abrimos a los otros, llegamos al conocimiento de nosotros mismos". ROGER GARAUDY, Perspective de l' home, p. 145.
[53] GERAR BELANGER, L' Amour Chemin de la liberté, Essai sur la Personnalisame, p. 81.
[54] EDGARD SOTTIAUX, Gabriel Marcel philosophe et Dramaturge, p. 55.

El ser que es co-esse en el amor ¿revela un Ser original?

La co-presencia ¿revela una Presencia?

En una palabra ¿el misterio ontológico obtiene una respuesta?

O ¿todo se reduce a la absurdez de una fábula?

Enfrentemos lealmente la exigencia de una respuesta.

4) Lo trascendente como Metaproblemático.

Se trata de ver con claridad hasta donde Marcel esboza el camino a la Trascendencia en el análisis del amor como aproximación concreta al misterio ontológico.

El tema de la Trascendencia ha sido explícitamente desarrollado por Marcel[55].

Se trata de descubrir, por aproximaciones concretas, como ya lo hemos expuesto, la certeza de una presencia y de una acción trascendentes, cuyo carácter esencial es el de promover, sin termino asignable un impulso y una ascensión hacia un término, que a nosotros se nos aparece por los efectos que produce como Fuente de Luz y de Amor. Refiriéndose al tema de la trascendencia y concretamente a la Comunicación que Marcel había realizado en el Congreso de Filosofía, Jolivet afirma: "Digamos que el Señor G. Marcel no hace en síntesis sino dar una nueva forma al argumento a favor de la existencia de Dios, fundándolo sobre las aspiraciones infinitas del alma. Estas aspiraciones para ser inteligibles exigen un término trascendente"[56].

Buscamos el camino de la inteligibilidad para ascender a la Trascendencia, pero nuestra investigación se extenderá concretamente a toda línea esbozada anteriormente. Sin dejar de lado la comunicación al Congreso Internacional de Filosofía en cuanto nos pueda ser útil para lograr nuestro objetivo.

---

[55] "Le transcendant comme metaproblématique", Comunicación hecha al Congreso Internacional de Filosofía, agosto 1937, R. I., p. 183.

[56] REGIS JOLIVET, Congres Descartes, "Le théme de la Transcendence", en Revue Thomiste, 44 (1938), p. 178.

Por el análisis anterior hemos descubierto al hombre como un ser en perpetua conquista hacia la subjetividad autentica en la comunión del amor. El hombre no se personaliza sino por la donación. Por el paso de la indisponibilidad a la disponibilidad.

De modo que la disponibilidad, que tiene su punto culmen en el co-esse del amor, se nos manifiesta como la característica esencial de la persona humana. Se nos manifiesta como el principio por el cual la persona se reconoce o desconoce como tal[57].

La persona disponible se caracteriza, no por una producción exterior que es capaz de realizar, sino por el acto creador que depende de ella para ser, pero que al mismo tiempo se presenta como algo más allá de los que ella es.

Si consideramos la persona en el orden de su propia realización en esta línea no podemos hablar de producción, ya que no se trata de una obra extrínseca a la persona misma, sino de creación; en cuanto la persona desarrolla las potencialidades de su propio ser. Esta potencialidad intrínseca que hemos desarrollado concretamente, expresada en la donación del amor, nos revela una bipolaridad esencial. Por un lado no se puede concebir fuera del acto de la persona que ama, pero a su vez esta creación en el amor, o sea el acto mismo del amor, se nos revela como suspendido a un orden misterioso que lo sobrepasa o envuelve.

"¡Como no reconocer que la persona no se puede concebir fuera del acto por el cual ella se crea, pero al mismo tiempo que esta creación está suspendida de alguna manera a un orden que la sobrepasa"![58]. La persona en esta perspectiva no puede concebirse como una realidad hecha, la misma experiencia la excluye. El hombre se nos revela como un proyecto vital, que brota de su ser y necesariamente se ve obligado a desarrollar a través de sus potencialidades. Pero lo antinómico de esta su situación vital, es que el hombre es capaz de realización, concretamente capaz de amor, pero esta realización es siempre inadecuada al proyecto fundamental de la persona misma. Nunca se da de hecho, en la medida de la aspiración del hombre. El acto mismo es expresión

[57] H. V., p. 29.
[58] H. V., p. 30.

siempre inadecuada e insatisfecha del proyecto fundamental. El acto concreto no logra cubrir la apetencia profunda de mi ser.

Pero por otra parte, otro aspecto sorprendente, es necesario reconocer la necesidad esencial de la persona que para su realización particular, y aquí está el aspecto antinómico y desconcertante, es inadecuada al proyecto fundamental de la persona que no puede cristalizarse o fijarse definitivamente en algo concreto, definitivo y limitado.

El proyecto fundamental es la Plenitud inagotable del ser, frente al cual resta inadecuada toda acción humana, incluso su misma vida. El mismo se supera a sí mismo.

La constante proyección de su ser en la horizontalidad de la acción, deja al hombre en perpetua insatisfacción reconocida en su ser más íntimo.

Si la persona permanece trascedente a toda encarnación particular, ya que es de su esencia jamás cristalizarse definitivamente en ella ¿Cuál es la causa raíz de esta respuesta?

O la absurdez de la persona, comprometida en una búsqueda inútil, manifestando una vez más la proyección de su ser, como una "pasión inútil", ahogado definitivamente e inrremisiblemente por la nada.

O porque su ser, revela en la profundidad de su insatisfacción, la participación inagotable de la Plenitud del ser de donde dimana. "Ahí está la razón profunda por la cual es imposible pensar la persona o el orden personal, sin pensar al mismo tiempo lo que está más allá de él o de ella, la realidad suprapersonal que preside todas sus iniciativas, que es a la vez su principio y su fin"[59]. Es precisamente en esta Plenitud del ser donde todo acto de la persona, inadecuado fundamentalmente a la misma, encuentra su fuente y origen. De modo que la invocación de la persona encuentra la certeza de su llamado, en la presencia velada del ser, que funda la presencia del Invocado en el Invocante.

[59] H. V., págs. 31-32.

Y así podemos notar, que el amor, como acto manifestativo de la plenitud de la persona, está subordinado a una realidad superior, "realidad que está en el fondo de mí, mas intima a mí, que yo mismo"[60].

Y es precisamente en esta dependencia y subordinación, del Amor Originario, de la Plenitud inexaurible de ser, como dato Ontológico esencial, desde el misterio ontológico en el que la persona humana vive, es capaz de ser comprendido. Solo en este plano el hombre adquiere dimensión y plenitud.

Dimensión no solo horizontal, en la comunión y donación del amor, sino que el misterio de la vida humana se ilumina en la dimensión vertical, donde el amor se revela a la luz de la dimanación del Amor Originario, en el que está fundado y hacia el cual está definitivamente atraído.

La trascendencia se presenta como el sentido último de adecuación y plenitud, donde el hombre puede encontrar la respuesta definitiva a su limitación.

La Trascendencia de Aquel que invoco se afirma en relación a toda experiencia posible, y más aún en todo cálculo racional que no sería sino la experiencia anticipada y esquematizada. El hombre solo se realizara plenamente en la relación dinámica de comunión y amor con Aquel que solo nos conoce y ama de un modo pleno y total de una vez para siempre. De modo tal que su amor establece mi ser. Fundado en El, soy atraído por El, de allí mi inadecuación con el que soy. Seré plenamente en la participación total y sin límites de la Plenitud del ser. Por esto mi ser se presenta como Llamado, como Invocación. Por ello la relación con el otro no puede realizarse plenamente sino en la relación de plenitud con Dios. "El conocimiento de un ser individual no es separable del acto de amor o de caridad por el cual este ser es opuesto en aquello que lo constituye como creatura única, o si se quiere como imagen de Dios.[61]

De modo que el hombre solo puede realizarse como creatura, reconociendo su lazo ontológico con Dios.

---

[60] H. V., p. 244.
[61] H. V., págs. 28-29; E. A., págs. 267, 348-349; D. H., p. 147.

Arrodillarse frente al misterio ontológico en el que esta. Solo así la persona adquirirá su verdadera libertad y ubicación en el ser, reconociendo su "responsabilidad ontológica", abriendo su ser al Amor Originario, descubriendo así la participación liberadora. "Dudar de Ti no es liberarme, sino aniquilarme"[62].

Por tanto el Amor Originario, como Tú Absoluto, se revela como el fundamento último e íntimo de la relación interpersonal por el cual los hombres viven en la comunión del amor.

Porque "no amamos en el otro una realidad totalmente distinta de nosotros, cuando lo amamos "como a nosotros mismos".

Porque es lo más íntimo a nosotros lo que últimamente amamos también en él. Aquello tan íntimo a nosotros que ya no es ni yo ni tú ni él, pero que constituye a todos como ser y Bien"[63]

Creemos así, al menos desde el ángulo de la primera condición ontológica, haber respondido a la pregunta que nos hemos formulado al comienzo de este capítulo.

Hemos intentado comprender al hombre "como ser en cuya dialógica, en cuyo estar dos-en-recíproca presencia, se realiza y se reconoce el encuentro del uno con el otro"[64], pero el mismo encuentro no agota su inexauribilidad. Ya que a través de él hemos intentado ascender a la Trascendencia, siguiendo el pensamiento de Marcel. Nos encontramos aquí muy próximos a la línea Agustiniana, ya que "Agustín ha intentado resumir el Cristianismo en su totalidad, bajo el aspecto del amor"[65].

Por el análisis de la experiencia hemos podido descubrir en el amor, (como experiencia óntica), su Razón de ser (que nos revelaba una presencia, el ese en el co-esse), en la experiencia ontológica, y por ella hemos intentado ascender a la experiencia metafísica que nos manifiesta la Plenitud del ser, como la Causa Ultima del Amor.

---

[62] R. I., págs. 18-190.
[63] JOSE GOMEZ CAFFARENA, Metafísica Trascendental, p. 141.
[64] MARTIN BUBER, Qué es el hombre, págs. 150-151.
[65] ANDERS NYGREN, Eros et Agape, vol. 2, p. 9.

Por lo tanto el Amor Originario, el Tú absoluto, se nos revela como el Ser que nos funda en la existencia y nos atrae hacia Él. "Puesto que los secretos de nuestra existencia y se desvelan y precisan de este modo ¿no constituyen una obligación moral –además del problema teórico inevitable– el tratar de reconocer e identificar a este ser Personal original, para testimoniarle nuestros dones, que son ante todo los suyos, entregándonos a Él? El amor esta ciertamente en el corazón del ser"[66]

[66] ANDRE MARC, Dialéctica de la Afirmación, p. 226-7.

CAPITULO III

Segunda vía: La Fidelidad

La fidelidad:

1. Segunda Vía de Aproximación al Misterio Ontológico.

Debemos abordar ahora en nuestro análisis la segunda condición ontológica o mejor dicho el segundo modo concreto, mediante el cual intentaremos acercarnos al misterio ontológico. Más que otro camino de investigación se trata de profundizar la misma experiencia solo a otro nivel de profundidad. El misterio ontológico se nos revela a medida que avanzamos en nuestra reflexión con dimensiones insospechadas presentándonos siempre por adelante la inagotabilidad del ser mismo que intentamos desvelar. La persona humana se nos presenta polifacética. Insondable. Un ser abierto a dimensiones insospechadas e ilimitadas. Su abertura fundada en el ser es proporcionada a todo lo existente. Por el ser y en el ser alcanza a toda la realidad. Por la interioridad de que es capaz, propiedad esencial de su condición racional, establece una relación de intimidad con sus semejantes. Este es un signo revelador de su originalidad. De allí "el que posee ante todo el valor es el ser personal y singular, que es irremplazable, porque es único en su originalidad"[67].

La fidelidad es un aspecto de la originalidad de la persona misma. Intentaremos por lo tanto centrar nuestra atención en este aspecto original y tratar de descubrir sus implicaciones en el misterio del yo personal.

La fidelidad aparece como uno de los temas centrales que aúnan el pensamiento de Marcel. Desde muy temprano, a partir de 1930 el tema de la fidelidad es central en su obra[68].

---

[67] ANDRE MARC, "Personne, Société, Communauté", en Revue Philosophique, de Louvain, T. 52 (1954), p. 456.
[68] D. H., p. 91.

No basta explicar esto por una interpretación psicológica, es decir por las relaciones que Marcel haya podido tener con sus parientes o amigos, como una de experiencia de la realidad vivida en este artículo, sino más bien se trata ente todo de haber intuido una dimensión ontológica del hombre, dimensión que se irá ampliando en la "fidelidad creadora"[69].

Al ubicar nuestra reflexión en la línea de la fidelidad, nuestro intento al auscultar esta realidad, permanece esencialmente el mismo, como ya lo hemos expuesto con respecto al tema del amor. Se trata básicamente de "devolver a la experiencia humana su peso ontológico", calar el fondo de la experiencia misma, pero con la perspectiva de desvelar los diversos niveles de la experiencia; orientados a la clarificación de los planos ónticos, ontológico y metafísico; como ya notamos, no explicitados en el pensamiento de Marcel, pero sí de algún modo contenido en el mismo.

El camino abierto a la Trascendencia, al estudiar la condición amorosa del hombre, se verá completado por el tema de la fidelidad.

A partir del "co-esse", revelado en la condición ontológica del amor, como una "nueva creación", esta implica una permanencia, el reconocimiento de un "cierto permanente ontológico"[70], que se nos revelara en la dimensión de la fidelidad.

En el plano ontológico es precisamente la fidelidad lo que más importa, "ya que es el reconocimiento no teórico o verbal, de un cierto permanente ontológico que permanece y en relación al cual nosotros existimos"[71].

Se trata por lo tanto de descubrir el sentido y la dimensión de este permanente ontológico que se nos revelara en el análisis de la fidelidad como condición concreta del hombre que ama.

Sera necesario escalar paulatinamente en la comprensión de esta segunda condición ontológica, para hallar paso por paso, el origen, la existencia, el fundamento, y por fin la

[69] P. A., p. 94.
[70] E. A., p. 94.
[71] E. A., p. 173.

abertura a la Trascendencia, (si es posible), dentro del misterio de la fidelidad enraizado en el amor.

Nuestro objetivo lo reiteramos una vez más, es el de desvelar el “contenido ontológico” de esta experiencia humana.

¿Es capaz el hombre de vivir en la fidelidad de su amor? ¿Se nos puede revelar el ser como el lugar de la fidelidad? ¿Cómo un ser relativo y factible, capaz siempre de traición, puede comprometerse a una fidelidad absoluta?

¿El ser se desvanece en el devenir? O por el contrario ¿el ser como lugar de la fidelidad exige un recurso absoluto, una Abertura a la Trascendencia?

Nos preguntamos como el hombre resolverá su drama, ya que tiene la potestad singular de afirmarse o negarse, según que afirme el ser y se abra a Él, o que lo niegue y al mismo tiempo autoproclame su nihilidad.

El imperativo de estas cuestiones exige una lealtad clarividente, para dar una respuesta a las mismas. Se nos hace necesario abordar el tema de la fidelidad, como una exigencia de la misma condición humana. Ya que es una de las condiciones reveladoras de su naturaleza. No podremos responder, por lo tanto, por el ¿Qué soy?, planteando inicialmente en nuestro trabajo, sin abordar la fidelidad como signo revelador del hombre mismo,

Las reflexiones sobre la fidelidad que ocupan algunas de las páginas más vivas del “Etre et Avoir”, y el sugestivo ensayo sobre “La Fidélité créatrice”[72], y además las “Notes sur la Fidélité”[73], nos ayudaran e iluminaran en nuestro propósito.

Abierto el camino, iniciamos nuestra reflexión progresiva para desocultar el peso ontológico de la fidelidad, como un segundo modo concreto de acercarnos al misterio ontológico.

---

[72] Publicado primero en la “Revue Internationale de Philosophie”, 5 (1939), pp. 90-116.
[73] Conferencia dada en el Colegio de los Padres Jesuitas en Lovaina y publicada en “La Vie Intellectuelle”, 24 (1935), 289-301.

2. La fidelidad: Realidad Cuestionada.

Toda reflexión filosófica está condicionada de algún modo por las circunstancias históricas en las que se desarrolla. No hay duda que la reflexión sobre la fidelidad realizada por Marcel, nace de un espíritu sensible integrado en el latir de la historia contemporánea.

La reflexión sobre la fidelidad como condición concreta que nos acercara al misterio ontológico, responde de algún modo como reacción frente a la cultura contemporánea envuelta en la sombra de un relativismo ético y un utilitarismo social.

"Se advierten sombras tan alargadas y graves que no pueden menos de ser vistas y reconocidas como nuestras, estas ciertamente son: por un lado el oscurecimiento de la conciencia tiene acerca de la absolutez de la ley moral y consiguientemente al decaimiento y la incoherencia de los caracteres, que demasiadas veces se prostituyen frente al temor o al deseo, por otra parte la preocupación edonística que busca invadir todos los aspectos de nuestra vida e imponerse como el único punto de vista de nuestra consideración del mundo humano, degradando así y diluyendo la estructura espiritual y comunitaria de la persona[74].

Y precisando mas la "orientación" según la cual el hombre contemporáneo conforma su vida moral, podemos distinguir en la ética existencialista una doble línea: por una parte, "una moral de ambigüedad y una moral de situación"[75]; por otra, "la ausencia de todo valor fundado objetivamente y de todo precepto de una ley moral universal"[76]. Esta ética, enunciada sintéticamente en sus principios, tiene su justificación y fundamento en una corriente de pensamiento extendida notablemente en la corriente del pensamiento contemporáneo, como es la filosofía del absurdo.

"La felicidad y el absurdo son dos hijos de la misma tierra. Son inseparables", nos lo dice Camus[77]. Camus compara al hombre con la figura mitológica de Sísifo, en su perpetuo viaje con la piedra hacia las cimas; descubre en esto, lo absurdo de la condición

[74] PRIETO PRINI, o. c., p. 101.
[75] JACQUES MARITAIN, La Philosophie Morale, p. 478.
[76] Ibid. p. 485.
[77] ALBERT CAMUS, Le Mythe de Sisyphe, p. 165.

humana; absurdo que cobra dimensión trágica cuando se hace consciente. Pero todo esto no desespera al hombre, "persuadido del origen de lo humano, de todo aquello que es humano; ciego que desea ver y que sabe que la noche no tiene fin; esta siempre en marcha. La piedra rueda siempre... La sola lucha hacia las cimas basta para llenar su corazón de hombre.

Tenemos que imaginar a Sísifo feliz"[78].

La caracterización de Camus, expresa plásticamente la realidad del hombre contemporáneo que vive en el ideal del "anarquismo coherente"[79], sabiendo que "su destino le pertenece"[80].

En esta perspectiva no es posible hablar de compromiso y fidelidad como signos de la vida moral, que tengan otro fundamento que el hombre mismo. El hombre será la norma suprema de sus actos. El legislador absoluto. En estas condiciones será necesario imaginar al hombre feliz, sin saber exactamente el porqué de su destino trágico, el porqué de su lucha perpetua hacia las cimas, el porqué de su elección libre y absoluta. Lo absurdo de la condición humana nos conduce al camino de la negatividad y al vértigo de la Nada, en el cual el hombre caerá irremisiblemente. "A la pregunta: ¿hacia qué trasciende el sujeto sus objetos, cual es el horizonte verdadero de su deseo?, una primera respuesta podría ser: no les trasciende hacia nada. La tendencia-hacia que imaginamos es solo la interpretación ilusoria de un movimiento de huida o de un impulso sin fin. No hay otra cosa que un impulso ciego o un proceso indefinidamente repetido de negación"[81].

Frente a este inquietante panorama que presenta la conciencia moral contemporánea, se nos hace difícil comprender una línea de reflexión filosófica centrada sobre la fidelidad, como índice revelador del misterio ontológico.

Se hace difícil superar la oposición sinceridad-fidelidad, tan marcada en nuestros días. ¿Acaso es posible ser fiel y sincero al mismo tiempo?

---

[78] Ibid., p. 166.
[79] R. I., p. 209.
[80] ALBERT CAMUS, o. c., p. 165.
[81] JOSEPH DE FINANCE, Ensayo sobre el obrar humano, p. 138.

¿La fidelidad como compromiso irrevocable, no es un obstáculo entre nosotros mismos y la vida que perpetuamente está sujeta al devenir? Siguiendo el esfuerzo filosófico de Marcel, intentaremos rehacer el camino reflexivo sobre la fidelidad, pues este nos abrirá horizontes para responder a nuestros interrogantes, los cuales responden a la palpitación angustiosa del hombre contemporáneo.

3. El Ser como lugar de la Fidelidad.

Analizar el tema de la fidelidad brota como una exigencia frente al modo de obrar del hombre. En el pensamiento del Marcel ocupa un lugar central. "Aquí está el centro de todo mi reciente desarrollo metafísico"[82]. Como nos lo dice bella y profundamente Nietsche, el hombre es el único ser capaz de promesa; la promesa como fidelidad misma es una expresión exclusiva del hombre.

Escapa a la esfera de lo animal. "La fidelidad interindividual que es accesible al animal, parece indecisa, a menudo independiente de las estaciones, siempre capaz de ser desmentida, a menudo explicable por otros motivos o valores como el apego a un socius; aun el amor materno es revelador en el animal: la madre no se interesa por el pequeño en cuanto es tal pequeño, sino en cuanto es el pequeño"[83].

Solo en el hombre la fidelidad aparece como un signo manifestativo de su dinamismo interior. Queremos ver por lo tanto la significación de este hecho y sus ampliaciones en la vida humana.

No podernos comprender la fidelidad sin hablar del compromiso, que está implicado en ella. Pues toda vocación de algún modo exige compromisos y todo compromiso exige fidelidad.

¿Qué implicación se deriva, para el hombre el hecho de la negación de la promesa?

Afirmar que el hombre no es capaz de promesa o de compromiso, es establecer el "yo" personal coincidente con su presente inmediato, excluyendo toda posibilidad de

[82] E. A., p. 137.
[83] MAURICE NEDONCELLE, De la fedelité, p. 35.

compromiso. Esta es la expresión de la actitud fenomenista e instantaneista. No puede el yo presente obligar a un "yo futuro", que no existe y por lo tanto no conoce.

En esta actitud, y siendo consecuente con ellas se derrumba toda la vida social. Ya que nadie puede contar con nadie en el plano de las relaciones humanas.

El "yo" se confunde con la situación del momento: yo me identifico con el estado de mi mismo, que puedo constatar en este momento preciso. Más aun en esta línea de pensamiento la fidelidad aparece como imposible, ya que somos dueños del futuro. Hacer una promesa o un pacto es obligarnos a mentir. ¿Acaso se puede dar un compromiso sin traición? La actitud fenomenista e instantaneista destruye por lo tanto todo encuentro perdurable en la vida humana. Es negar la posibilidad del amor, ya que implica permanencia, en la vida del hombre.

¿Es posible quedarnos con esa actitud?

La experiencia misma rechaza. El ser exige una mayor inteligibilidad de su realidad.

Para buscar una solución a estas cuestiones es necesario plantear el problema con toda su nitidez.

Cuando decido ser tal, cuando juro fidelidad a un ser ¿mi compromiso no trasciende los aportes posibles de mi experiencia?

Es necesario responder que nuestro compromiso no se subordina a una opinión o a un sentimiento que pueden variar sino a un "querer", que puedo mantener y que responden a mí ser.

"No hay compromiso posible sino por el ser, que no se confunde con su situación del momento y que reconoce esta diferencia entre si y su situación y se ubica consecuentemente trascendiendo de algún modo su devenir del cual es responsable"[84].

A mí me toca decidir ser fiel a mi ser o a mi devenir, mi querer libre trasciende el devenir y el orden objetivo. Tomar una resolución es comprometerse a si mismo. Sino cumplo no me habré mostrado a la altura de lo que creía o quería ser. Traicionar es

[84] GABRIEL MARCEL, "Notes sur la Fidelité", en La Vie Intellectualle, 24 (1935), p. 288.

destruir lo que yo quería ser. Y a la inversa: la fidelidad que perpetúa el compromiso, participa de su dinamismo creador en el plano del ser, "puesto que no hay compromisos, sin posición al menos implícita de una cierta identidad"[85].

Esta identidad se me revela en el ser, que yo creo incoativamente por mi compromiso, el cual puedo traicionar y que es lo más profundo en mí, puesto que no es ni por mí, ni de mí.

Consecuentemente no hay compromiso sin una identidad supratemporal del yo, sea cual fuere el carácter de esta identidad. Hay un reconocimiento de un cierto "permanente ontológico"[86], que permite al hombre fundar su compromiso en él y trascender así en cierta medida de tiempo, para ser el dueño de sí mismo y de su situación. Para que el compromiso se realice hay una exigencia de una identidad personal, fundada sobre el ser, que implica el pleno conocimiento de la persona a lo que se compromete, y también tiene que haber un comprometerse frente a sí mismo para su realización.

4. ¿Fidelidad a sí mismo?

Y aquí precisamente, en esta etapa de nuestro razonamiento, se nos presenta una grave dificultad; ¿De qué naturaleza debe ser este permanente, para que el compromiso no se convierta en una arbitraria dictadura que le yo pretenda ejercer sobre mis acciones futuras en nombre de mi actual estado de ánimo?

¿Puedo esto sin mentirme a mí mismo y a los otros?

"Entonces la mentira se instalaría en el corazón mismo de la vida".

A esta ficticia "eternidad de derecho", no corresponde ninguna persistencia de hecho, y pareciera encontrarme en esta desconcertante alternativa: en el momento que yo me comprometo o bien yo establezco arbitrariamente una invariabilidad de mi sentir, que no está en mi poder el establecer, o bien yo acepto por adelantado el cumplir en un momento dado un acto que no reflejaría de ningún modo mis disposiciones interiores

[85] Ibíd.
[86] E. A., p. 138.

cuando lo realice. En el primer caso yo me miento a mí mismo, en el segundo, consiento anticipadamente mentir a los otros[87]. La alternativa del dilema debe ser rechazada, (o sea permanencia de mis disposiciones interiores o mentiras de mis actos), puesto que no es "sobre la tensión de mi querer propio, que yo puedo descansar"[88]. Si ponemos el acento sobre la identidad trascendental del sujeto responsable de la promesa, nos alejamos cada vez más de la idea de una fidelidad autentica. O sea: si mantengo el compromiso, pese a todo, porque quiero afirmar mi permanencia por encima de todo devenir, el objeto al cual la fidelidad me liga, sea ese objeto el mismo Dios, acabaría por ser un puro accidente, un pretexto para demostrar mi propia eficacia.

Esta es la fidelidad a mí mismo. Yo soy la raíz, el principio y el centro de la misma.

Pero esto no es sino una gran deformación de la fidelidad. ¿Cómo confundir este apego del alma a su propia gloria, que es la forma más ávida, la más avara, la más inquieta del amor de si, con aquello que siempre denomine fidelidad?[89].

La fidelidad reposaría así sobre un orgullo obstinado o sobre un empecinamiento centrado sobre sí mismo.

Esta incapacidad del hombre para establecerse como fundamento absoluto de la fidelidad, tiene una raíz metafísica profunda. Es la incapacidad esencial del hombre de proclamarse razón suficiente y fundamento de su ser y obrar. Desde el momento que intenta establecerse como centro absoluto del ser, encuentra la contradicción en sí mismo, ya que no puede no reconocer que hay algo más profundo en él, que no es ni por él ni de él.

"Heidegger y Sartre monologan extrañados de la presencia de cada uno de nosotros, singularmente, en el ser; nos sentimos arrojados a la existencia, nos encontramos existiendo. Casi paralizados en este mí ser, que es ahora y aquí, no solo no miran atrás, sino que omiten lo circundante, extáticos y pasmados en el ser actual, en estos espacios y tiempos determinados. Se le escapan u omiten las cuestiones causa-efecto o, si

[87] E. A., p. 70.
[88] E. A., p. 76.
[89] E. A., p. 75.

preferimos, principio-principado. No responden al porque soy, detenidos en el hecho de que soy, como si fuera un absurdo, un acaso o un capricho. De todas maneras y esto parece evidente, el ser de cada uno es principado, ha tenido principio. ¿Soy yo el principio, mi causa primera? Entonces ya no me experimentaría en la totalidad del ser, sino que sería la totalidad del ser. Mi evidencia lo niega abiertamente. Si soy, es porque la causa de mi ser es el Ser"[90].

Por lo tanto, mi ser implica una participación misteriosa en el Ser, y esta participación misteriosa es el punto de encuentro de la comunión ontológica con los otros seres.

De modo que el fundamento de la fidelidad no podría encontrarse sino en la abertura de donación y participación ontológica. De lo contrario estableceríamos una vez más "la mentira en el corazón mismo de la existencia"[91].

5. ¿Fidelidad hacia otro?

Si la fidelidad no encuentra su fundamento en el "yo", en mi mismo, ¿podrá fundarse en el otro? ¿Encontraremos en el "otro" el fundamento que buscamos?

Analicemos esta posibilidad.

Si fundamos nuestra fidelidad en otra persona sometida a la misma condición y limitación histórica, la decepción siempre aparece como posible. Ya que ella está sujeta a todas las vicisitudes y fluctuaciones de la vida humana. En su condición humana, esencialmente lábil y sujeta a la estrechez del tiempo, su ser aparece en constante peligro proyectado en la inseguridad de la existencia.

¿Este ser se puede presentar como el fundamento último de la fidelidad?

Podríamos añadir una razón más: "yo podría estar tentado siempre en reconocer que fui fiel no a esta creatura tal cual es en realidad, sino a la idea que yo me había formado de ella, y que la experiencia vino a desmentir"[92].

---

[90] LUIS FARRE, Antropología Filosófica, págs. 246-247.
[91] E. A., p. 75.

Consecuentemente tanto el "yo" como el "otro" revelan la misma constante insuficiente para fundar la fidelidad en ultimo termino. ¿Dónde pues encontraremos un fundamento indestructible y último, que asegure a la fidelidad una base inamovible?

Será necesario orientar nuestra reflexión a la esencia de la fidelidad misma para descubrir si es posible, la base inamovible en la que se funda.

6. La Fidelidad como "presencia".

Ante todo es necesario aclarar que la fidelidad se ubica en el plano del ser, en oposición al plano del devenir. Situación que ya hemos aclarado. La misma oposición se realiza entre el plano del ser y del "hacer". La fidelidad no se ubica en el plano del "hacer", sino en el plano del "ser". Puesto que no se trata de realizar, cumplir, con prontitud y puntualidad las promesas o propósitos que hemos prometido, liberando así muestra conciencia con el hecho de haber cumplido.

En la fidelidad hay una experiencia más profunda. Exige más bien un "estar presente" por una disponibilidad interior, espontanea generosa, en toda circunstancia y en todo momento.

La fidelidad exige por ende, para ser vivida una comunidad de personas. Pero que esta comunidad de personas se orienten a la fidelidad se requiere una disponibilidad absoluta de sus recursos interiores, bio-psicológicos de sus seres personales, para llegar a una participación misteriosa e íntima.

Esta "participación", que se realiza en el ser íntimo y profundo, implica una "co-presencia". La fidelidad es por ende esta co-presencia. "Ella es el conocimiento no ya teórico o verbal, sino efectivo de un cierto permanente ontológico, de un permanente que dura y por cuya relación duramos. Ella es la perpetuación de un testimonio que en cada momento puede ser anulado o renegado"[93].

---

[92] R. I., p. 217.
[93] E. A., págs. 173-174.

¿Cuál es la dimensión de esta presencia en la cual y por la cual la personas se unen a la fidelidad?

La presencia no significa ni denota la neutralidad exterior del objeto, que está allí, inamovible en su soledad, sino que comenta P. Troisfontaines: "la presencia es la relación objetivamente indefinible por la cual mi amigo me hace sentir que está conmigo, se revela inmediatamente en una mirada, en una sonrisa, en un acento, en un apretón de manos"[94].

Un ser me es presente cuando nuestra intimidad real crea un "co-esse" autentico. Se trata de un encuentro íntimo y profundo, donde no soy yo el poseído, ni él el poseedor o viceversa, sino por la comunión intersubjetiva, surge un ser nuevo que ambos creamos reconociéndolo[95]. Este ser nuevo nacido en el amor, se manifiesta ahora y perdurara después de la fidelidad. Por tanto la presencia manifestada en el co-esse, se revela como el "reconocimiento de un permanente"[96].

Por esta comunión revelada en la presencia que nos une, en un mismo y nuevo ser, ¿Qué garantía posee su permanencia?

¿Qué es lo que puede garantizar que esta presencia perdurara? Esta garantía se nos revelara en al "fidelidad creadora"[97].

7. La Fidelidad Creadora.

El hombre se proyecta y realiza mediante su actividad. Y esta siempre está determinada por las coordenadas espacio-temporales. Circundan siempre su actividad. Si bien es cierta esta determinación, por su actividad espiritual, el hombre se crea, organizando el mundo que el mismo reconoce no haber creado. Es el único ser capaz de reconocer la dualidad entre su existencia y su ser. La existencia dada, y su ser por conquistar, por realizar. Toda su actividad tendera a realizar las potencialidades bio-

[94] ROGER TROISFONTAINES, "La Notion de Préscence chez G. Marcel", en Existentialisme Chrétien, p. 223.
[95] P. A., p. 289, 294.
[96] E. A., p. 138.
[97] E. A., p. 139.

psicológicas de su ser. La psicología actual nos ha manifestado la riqueza inagotable y tan extraordinariamente delicada del hombre que se abre a la vida, con sus inmensas potencialidades. Toda condición circunstancial del medio ambiente dejara en él su huella. Su conquista de personalización t concientización será la victoria penosa como el lugar de la fidelidad. La fidelidad por tanto se ubica en el centro de la creación personal. No es una realidad hecha, sino que es libre, creadora, capaz de inventiva. Implica realización. Implica inventar una conducta conforme a las promesas, adoptar esta conducta a nuevas circunstancias, para ser siempre fiel a "lo permanente", reconociéndolo por lo tanto, como orientación profunda y única en su ser.

Por lo tanto toda la actividad del sujeto está sellada por el signo de lo "permanente ontológico".

Debo orientar toda la capacidad de mi obrar, convirtiendo las circunstancias en ocasiones para imprimir así mi sello personal, bajo el signo del "permanente ontológico", realizando así mi compromiso. Es por esto que toda fidelidad, dice Marcel, es "fidelidad creadora", "una fidelidad que no se salva sino creando"[98]; y es creadora, "porque es capaz de renovar no solo aquel que la práctica, sino también su objeto"[99], ya que posee la capacidad de trascender como la libertad misma los límites de los prescriptible.

La fidelidad creadora se presenta como una respuesta siempre renovadora, frente a las cambiantes circunstancias de la vida, dando a cada acontecimiento un "significado idéntico", basado en el "permanente ontológico" en el que su compromiso se ha fundado.

La fidelidad no solo tiene una dimensión creadora, sino también liberadora. "Ella me obliga a oponer, y luego a inventar una expresión de mí mismo que ninguna más que yo puede realizar. Las solicitaciones exteriores no me pueden reemplazar, me tientan y me harían abdicar. Lo que yo prometo moralmente, es el de superar continuamente un modo de vivir que sería ajeno a mis problemas y que me dispensaría de existir o de poner mi

---

[98] E. A., p. 139.
[99] H. V., p. 176.

sello personal sobre los acontecimientos que me obligan a obrar. Lo que yo prometo es ser digno de mí, lo que equivale a una promesa de renovación y liberación"[100].

De modo que un ser se valora por la fidelidad de que es capaz.

"La libertad se nutre de esta necesidad que ella misma ha establecido y que le ofrece nuevas ocasiones para afirmarse y vencer así la usura del tiempo"[101].

Pero aquí cabe una pregunta, que moverá nuestra reflexión hacia una mayor profundización de la fidelidad misma. ¿Qué es lo que posibilita que una fidelidad sea creadora?

¿Cuál es la raíz de esta posibilidad?

Y aquí nos enfrentamos con el fundamento mismo de la fidelidad, "si es posible una fidelidad creadora es porque la fidelidad es ontológica, porque prolonga una presencia, pues la misma corresponde a un cierto apoderarse del ser sobre nosotros"[102].

Este es precisamente el punto vértice que nos abrirá la verdadera dimensión de la fidelidad.

II. RECURSO ABSOLUTO

Después de haber visto y analizado la insuficiencia radical del "yo", como el fundamento último de la fidelidad, nos vimos obligados a reconocer, por el análisis objetivo, la impotencia e insuficiencia del "otro", para ser el último fundamento de la fidelidad. Ya que esta esencialmente envuelto en la misma insuficiencia radical: ¿Dónde encontraremos un fundamento indestructible que nos presenta una base inamovible de la fidelidad misma?

---

[100] MAURICE NEDONCELLE, "De la Fidelité", págs. 51.
[101] JOSEPH DE FINANCE, "Liberté et Fidelité", en Gregorianum, 43 (1962), p. 38.
[102] P. A., p. 79.

Es necesario hallar un fundamento incondicional de la fidelidad, si queremos reconocer su inteligibilidad, en el plano metafísico, ya que toda realidad por el hecho de ser, necesariamente exige una razón de su ser. De lo contrario no seria, simplemente. Avancemos un poco más, planteando concretamente el problema.

¿Cómo puedo dar crédito, entregar totalmente mi confianza, darme a mí mismo todo entero, a un ser finito y limitado?

¿Cómo puedo creer en el misterio de su ser establecido como absoluto, mientras que delante de mis ojos no hay sino un individuo, uno de tantos, objetivamente hablando, un valor muy contingente y relativo?

La fidelidad absoluta pareciera imposible de derecho, porque la persona a la cual me confío permanece un individuo, en el cual se fundan todas las incertezas, dudas, errores, de un ser contingente y al fin siempre capaz de traición.

¿Cómo puedo comprometer mi fidelidad con dimensión eterna, a un ser mortal?

Si todos estos interrogantes no tienen respuesta, la misma vida en la fidelidad carece de sentido. Todo se reduce a un continuo cuestionarse, descubriendo el abismo absurdo de todo lo real en el que esta trágicamente comprendido el hombre. Pero Marcel nos abre perspectivas para otra vía en la fecundidad dinámica de su pensamiento.

Toda fidelidad envuelve una anomalía: anomalía que parece estar suspendida a una realidad a menudo desconocida por las mismas almas en las cuales florece[103].

Esta anomalía revela precisamente que no hay compromiso puramente gratuito: todo compromiso constituye una respuesta a un llamado, e implica una cierta posesión del ser sobre nosotros, sin que exista necesariamente una conciencia explicita de ella.

Esta perspectiva es paralela a la del amor. Condición ontológica ya analizada. Podemos aclarar su paralelismo con el plano de la fidelidad.

Estamos llamados a amar. El amor brota de la esencia de nuestro mismo ser. Como estamos llamados a comprometer nuestra existencia en la donación. La raíz de esta

[103] R. I., p. 179.

realidad reside en nuestro mismo ser, que clama su dependencia ontológica del ser en el que está fundado. Su existir se le revela como su depender del ser. No puede no reconocerlo. Esta dependencia se realiza vivencialmente en el compromiso y la donación de sí.

Nuestra entrega y donación se realiza libre y espontáneamente, pero nacen de un llamado inicial, enraizado en el ser mismo, y se proyectan mediante la finalidad hacia el ser que es Amor.

El compromiso absoluto realizado por la donación total de mí mismo en la fidelidad, tiene su origen y fundamento último en el ser mismo.

"A la raíz de jurar fidelidad a un ser particular, hay una aprehensión fundamental (de esencia religiosa) del ser, que prolonga y sanciona mi aprehensión y mi juicio sobre tal ser"[104].

La fidelidad encuentra por lo tanto du ultimo fundamento en el Ser. "Lo que entreveo es que en el límite existiría un compromiso absoluto que sería contraído por la totalidad de mí mismo, o al menos por una realidad de mí que no podría ser negada sin un renegamiento total de mí mismo, y que por otra parte se orientaría a la totalidad del ser y seria hecha en presencia de esta totalidad misma"[105].

En el origen de la fidelidad misma, existe una aprehensión del ser sobre nosotros, aprehensión que nos revela, que algo nos ha sido dado, que "no somos responsables frente a nosotros mismos, sino frente a un Principio superior y Activo"[106].

De modo que nuestro compromiso que implica la donación total de lo que somos, en la fidelidad, no se dirige en realidad a este ser particular en cuanto tal "sino a la Totalidad del ser, al Ser"[107]. Nuestra donación al ser particular se realiza, porque aprehendemos en él implícitamente la Absolutez e inconmovilidad del Ser en el que nuestra donación encuentra de un modo intuitivo la raíz ultima de la fidelidad.

---

[104] E. A., págs. 60 y 64.
[105] E A., p. 16.
[106] E. A., p. 63.
[107] R. I., p. 217.

Por el ser y a través del ser particular encontramos el fundamento Inamovible del Ser que funda la absolutez de nuestra fidelidad. El Ser se presenta por lo tanto como "recurso absoluto" al cual está orientado nuestro llamado; la "presencia" que fundamenta la co-presencia en la fidelidad.

El "tú" personal se sostiene y alimenta la comunión intima del co-esse, entre el tú y el yo.

El fundamento de la fidelidad "que no puede menos de parecernos precario de derecho, desde el momento en que me comprometo frente a otro que no conozco, aparece por el contrario inamovible allí donde está constituido, no por una aprehensión distinta de Dios considerado como cualquier otro ser, sino por una llamado lanzado desde el fondo de mi indigencia "ad suman altitudinem"; es decir lo que algunas veces he llamado un Recurso Absoluto. Este llamado supone una humildad radical del sujeto, humildad polarizada por la trascendencia misma del sujeto al cual invoca. Estamos aquí en la fusión del compromiso más estricto, con la espera más apasionada. No se trata de fundarse sobre sí, sobre sus propias fuerzas, para hacer frente a este compromiso desmesurado; pero en el acto por el cual yo lo contraigo, yo abro al mismo tiempo un crédito infinito frente a aquel hacia el cual lo asumo, y la Esperanza no es otra cosa"[108].

Tenemos así trazada una estructura racional de una fenomenología de la fidelidad.

Por el análisis de la fidelidad, hemos visto además que "en ella convergen y se animan juntas las dos exigencias centrales que redescubren una moral concreta, que debe estar igualmente lejos de las ficciones de un puro formalismo, como el instantaneismo, reconociendo el fin de las implicaciones ontológicas"[109].

Y son precisamente las implicaciones ontológicas, contenidas en la fidelidad, como "modo concreto", de acercarnos al misterio ontológico las que han posibilitado la abertura y exigencia de la trascendencia.

---

[108] R. I., p. 217.
[109] PIETRO PRINI, o. c., p. 108-109.

El Ser al cual tiende nuestra invocación, que se nos manifiesta como el "Recurso Absoluto", no es sino una "Persona Absoluta", ya que "una fidelidad absoluta supone una Persona Absoluta"[110].

La trascendencia que brota como una consecuencia necesaria del análisis fenomenológico, se ubica no en el plano de una "analogía objetiva" sino en el plano más bien de una "analogía presencial"[111]. Analogía presencial, porque brota del dinamismo de la vida intersubjetiva, en la cual las personas se comprometen.

La fidelidad absoluta orientada hacia un ser contingente encuentra su fundamento en un "Recurso Absoluto", y es por esto que mi invocación que brota de los más profundo de mi ser personal, exige la garantía del "tú" personal que es el principio de la fidelidad misma.

La experiencia ontológica se explicita en la experiencia metafísica, en la dimensión de este segundo modo concreto como es la fidelidad.

El Ser Absoluto sobre el cual se funda la fidelidad humana, aparece como la garantía absoluta, el principio y el fin de la misma. Hay una íntima y esencial relación entre mi "ser que invoca" y el Ser "que llama" de una vez para siempre.

III. LA FIDELIDAD REALIZACION DE LA PERSONA

Hemos llegado así a vislumbrar concretamente la dimensión de la fidelidad.

Esta no podrá obtener su verdadera dimensión sino por la "presencia", que funda y establece como permanente ontológico las raíces de la misma.

La fidelidad, para su inteligibilidad plena exige una abertura a la Trascendencia. El "Recurso Absoluto" o el "Tú Personal", solo son capaces de fundar e iluminar al hombre

[110] E. A., p. 139.
[111] PIETRO PRINI, o. c., p. 111.

en la fidelidad de su amor. La fidelidad no es sino por lo tanto el amor que se hace conquista. Entrega.

"Confiar, prestar fe, ser fiel implica colaboración, exige mutua donación de sí mismo. Esto solo es posible en el amor. La palabra de amor es promesa de mutua fidelidad"[112].

De modo que hay una exigencia intrínseca entre ambos. No hay amor sin fidelidad. Y no habrá fidelidad si no está establecida sobre el amor. Es por él y en él que la persona realiza su ser. Solo se es fiel cuando se ama. Solo se es fiel al amor.

La necesidad impuesta por el fin es de las más fuertes, porque el fin es la primera de las causas. Cuando más radicado este un apetito en nuestro propio ser, con mayor fuerza se mueve el hombre hacia el fin que el apetito le presenta como bien atrayente y por ende como fin, esencial e intrínseco a nuestro propio ser. De modo que el fin coincide con la realidad originante, la más profunda de muestro ser, como es el Bien y el Amor. De ahí parte todo movimiento y todo se orienta hacia allí; Dante lo expresaba así: "L′ amore che muove il sole e l′ altre stelle"[113]. El amor se nos presenta como la perfección que envuelve totalmente al hombre. Su ser vale por el amor que realiza. Quiera o no, el hombre vive en el amor, del amor, y para el amor. Pero esta perfección no está adquirida. El hombre debe conquistarla.

El hombre debe realizar su amor en la dinámica de sus actos. Para él "queda siempre el infinito como programas de posibilidades. Cada uno de los actos de la libertad es una opción y es un riesgo. Puede perfeccionar al hombre, puede frustrarlo"[114].

La fidelidad se nos revela así como el signo por el cual la persona humana va logrando su realización. Realización que nunca se puede concebir como un estado de quietud, sino como perpetuo esfuerzo de conquista para la actualización de las potencialidades ilimitadas de su ser.

---

[112] ABELARDO LOBATO, Hombre y Verdad, p. 52.
[113] DANTE, La Divina Comedia, Paradiso, canto XXXIII, v. 145, p. 532.
[114] ABELARDO LOBATO, o. c., p. 53.

La fidelidad a través del pensamiento de Marcel, se nos ha manifestado como un segundo modo concreto de acercamiento al misterio ontológico. Nos ha aclarado un poco más la insospechada hondura de la condición humana. Abriéndonos un segundo camino para la Trascendencia, según su pensamiento.

Podemos así desde ya, vislumbrar con mayor claridad la diferencia entre el humanismo existencialista propuesto por Sartre y el sostenido por G. Marcel:

"Podemos considerar la existencia como un aislamiento o como una promesa de comunión, y según que escojamos valorar una u otra, la existencia global de nuestra vida nos aparecerá conforme a la fenomenología sartriana de la existencia solitaria, desesperada y absurda, o por el contrario, se reconocerá en las descripciones que traza un cristiano como G. Marcel, la existencia misma orientada toda ella a la comunión y a la trascendencia.

Esto queda como opción.

"Pero ¿Cómo no percibir que la elección del primer término no mutila, nos ahoga y al postre nos aniquila, mientras que la elección opuesta nos conduce a la plena realización de nuestra persona?"[115].

Queda por último la clarificación del "Recurso Absoluto", que brota como exigencia de la fidelidad misma. Y esto lo haremos en el estudio de la tercera condición ontológica: La Esperanza.

[115] DE WALHENS, A., "L´ Existentialisme de M. Sartre est-il un humanisme", en Revue Philosophique de Lourin, T. 44 (1946), p. 322.

CAPITULO IV

Tercera vía: La Esperanza

Presentación

1. La esperanza como fenómeno humano.

La esperanza está asociada a la vida humana. En todo tiempo histórico y en cada día de esta historia, el hombre ha amanecido con perspectivas de nuevas esperanzas. Vive en, por, y de la esperanza. Es un fenómeno humano.

Cada uno de nosotros podemos confrontarlo en nuestra vida. Pertenece a lo más íntimo de nuestra experiencia vivencial. Cada hombre acaricia en la intimidad de su ser esperanzas que solo él conoce. Es el último lazo con la vida. El dicho popular lo ha acuñado: "La esperanza es lo último que se pierde".

Si bien es cierto este nudo existencial entre esperanza y vida, no podemos menos de considerar otro aspecto que se nos impone con fuerza vital: la vida es la sepultura de muchas esperanzas; se esfuman con la facilidad de una ilusión, sin alcanzar jamás la firmeza de lo real. La esperanza queda sepultada en el tiempo. El hombre es incapaz de devolverle la vida. Frente a esta doble situación en el cual el hombre se encuentra comprometido, surge necesariamente la pregunta: ¿Qué significa la esperanza en la vida del hombre? ¿Qué queda en realidad de ella? ¿Se diluye en la desilusión, en la nada? O, ¿implica por el contrario, una exigencia esencial de pensamiento en el ser? ¿Se diluye en utopía o es condición de la vida misma?

Una vez más frente a la condición humana se abre la trágica alternativa entre el ser y la nada. No es sino circular siempre en torno a la cuestión decisiva de toda la metafísica, según lo de Heidegger ¿Por qué el ser es fundamental y no más bien la nada?[116] Y esta alternativa se aclara más en la dimensión de la esperanza y la desesperación.

[116] MARTIN HEIDEGGER, Was ist Metaphysik?, p. 42.

"Ese destino depende evidentemente de la libertad; pero en último análisis depende de nuestra opción radical entre dos actitudes fundamentales: la esperanza o desesperación.

Por la primera nos abrimos al ser, nos situamos por encima de la vida (y de la muerte); por la segunda nos cerramos al ser, aceptamos identificarnos a nuestra vida y por ello mismo entramos en el camino del suicidio"[117]

Marcel ha intuido esta dimensión metafísica del hombre. La cuestión inicial planteada en el ¿Qué soy?, se ha abierto con perspectivas insospechadas. Derivada luego en la opción por el "ser" o el "haber", cuya alternativa nos abría el camino al misterio ontológico. Luego por el análisis de las condiciones ontológicas, las dos primeras ya desarrolladas y la última por desarrollar, nos abrirán una visión global del misterio ontológico en el que el hombre se sitúa, sin agotarlo. Ya que es la condición de este misterio ser inagotable.

Se trata siempre de profundizar el misterio del hombre, concretamente con el objetivo de "devolverle a la experiencia humana su peso ontológico" y de descubrir el valor ontológico de la misma. Nos ubicamos así en una dimensión supratemporal. "No podemos dejarnos reducir a la condición de cosas, pertenecemos a una dimensión totalmente diferente del mundo, y esta dimensión puede y debe ser denominada supratemporal"[118].

La esperanza como tercera condición ontológica que intentaremos abordar, se ubica en este plano supratemporal, privilegio exclusivo del hombre.

El tema de la esperanza es vertebral en la obra de Marcel, como él mismo lo atestigua, "estas reflexiones sobre la esperanza son en realidad la esencia de toda mi obra"[119].

Y lo reafirma años más tarde:

---

[117] ROGER VERNAUX, Lecciones sobre Existencialismo, págs. 216-217.
[118] M. E. II, p. 186.
[119] P. I., p. 510.

"Si en mi obra hay un concepto que sobrepasa todos los otros, es sin duda el de la esperanza concebida como misterio"[120].

De modo que el estudio de esta última condición ontológica nos posibilitara visualizar con mayor perspectiva las condiciones ontológicas ya desarrolladas. Y por otra parte nos mostrara el punto de encuentro común de las mismas, su abertura a la trascendencia, en el pensamiento de Marcel. Revelándonos así la total dimensión de su visión antropológica.

Esta última parte de nuestro trabajo se verá guiada, como ya lo notamos para las otras dos condiciones ontológicas, por el vigoroso ensayo "Précence et Immortalité", y además particularmente por un trabajo reflexivo dedicado al tema de la esperanza "Esquisse d′ une Phénoménologie et d′ une métaphysique de l′ espérance"[121], hecho en los años difíciles de la segunda guerra mundial.

Ubicados en el tema pasamos a su desarrollo.

2. Breve referencia.

Antes de abordar el pensamiento propio de Marcel sobre el tema de la esperanza, queremos esbozar brevemente el medio ambiente ideológico que lo ha precedido y que rodea su reflexión. No podemos menos que afrontar, aunque solo de paso, el tema de la esperanza Cristiana.

Esta ambientación histórico-ideológica nos ayudara a comprender más claramente el pensamiento de Marcel.

Dios, en una visión Cristiana es considerado esencialmente como el "Dios de la esperanza"[122].

El es el objeto de todas las aspiraciones. El punto de la inquietud del cual todo procede, y el punto de quietud ultima en el que todo adquiere plenitud. El gozo de

[120] GABRIEL MARCEL, Paix sur la terre, p. 59.
[121] H. V., págs. 37-86. Nota 1: "Conferencia dada al Escolasticado de Fourviére", febrero de 1942.
[122] Rom. XV, 13.

filiación, que implica posesión-comunicación-donación se realiza concretamente en el "estado de gracia", dado por la dinámica sacramental. El cristiano compromete su vida en la fe. Proyectando esta fe en la lucha diaria de infidelidades y reencuentros, y orientándola a la plenitud del encuentro con Dios en una "tota simul et perfecta posesio", en la plenitud definitiva.

En la esperanza cristiana hay una referencia esencial a todo el hombre. Alma y cuerpo. Si mi cuerpo no me acompaña en el gozo del bien que yo espero, piensa el cristiano, ese bien no es el bien soberano.

De modo que en la esperanza cristiana es todo el hombre que está comprometido en ella.

Es necesario detenernos por un momento para preguntarnos cuál es el sujeto del acto de esperanza en la visión cristiana de la misma.

Frente a este ángulo concreto del problema, las respuestas se bifurcan en diversas líneas de pensamiento, y el planteo se extiende a una doble dimensión: ¿Es todo el hombre el sujeto de la esperanza o es solo una facultad sensitivo-volitiva?; y más aun: ¿es solo el hombre y nada más que el hombre el sujeto de la esperanza, o toda la creación de algún modo participa de la misma?

En una primera perspectiva se trata "evidentemente del hombre, el hombre todo entero y no solamente tal o tal otra facultad del alma, el alma toda entera y el cuerpo todo entero"... En un espíritu libre de prejuicios y exento de todo dogmatismo antropológico, la lectura de los escritos de S. Pablo nos constriñe a atribuirle a la persona humana toda entera la condición de sujeto de la esperanza"[123].

Y en cuanto al problema de la expectación de toda la creación, "El pensamiento de S. Pablo no se puede prestar a ningún equivoco, gracias a la creación no solo el hombre, sino más aun todas las creaturas han adquirido una especie de orden metafísico perfecto y gratuito que el Apóstol llama a veces "plenitud" (Col. 1, 9), a veces "recapitulación",

[123] PEDRO LAIN ENTRALGO. La Espera y la Esperanza, p. 44.

anaquefalaiosis –un estado donde la persona de Cristo domina y aúna en ella a todas las creaturas"[124].

La concepción cristina del evolucionismo, tan difundida a través del discutido y polemizado pensamiento de Teilhard de Chardin[125], afirma que es necesario admitir que el universo entero se mueve natural y espontáneamente, orientada por la acción libre y cooperadora del hombre, hacia la recapitulación como plenitud.

Pero no todos comulgan en esta concepción de la expectación teologal, que abarca a todo el hombre y a todo el mundo creado.

En su obra, Ramírez afirma: "Nada más falso y arbitrario. No merece la pena detenerse un solo instante en refutar ese pansiquismo o antropomorfismo infantil, propio de pueblos primitivos, aunque se lo quiera vender como la última palabra de la ciencia de hoy"[126].

Sin discutir ahora las tesis evolucionistas, podemos sin embargo pensar que la recapitulación de las creaturas no-humanas, como su lenta marcha hacia la esperanza, se produce a través del hombre, ya que por él y en él la creación adquiere sentido y finalidad. El hombre debe orientar las cosas a Dios.

Porque la realidad creadora es por esencia ofrenda y oblación, y solo a través de él encuentran el cauce de la esperanza.

Si nos internamos brevemente en la historia, nos encontramos que la reflexión sobre la esperanza cristiana se prolonga a través de toda la patrística y la Escolástica; "se hace frecuentemente comentado el texto de S. Pablo Rom. VIII, 24, que ha tenido un gran influjo no solo en los creyentes cristianos, sino esencialmente en cuanto se refiere a la conciencia de toda esperanza"[127]. San Agustín nos ha dejado en sus escritos, profundamente humanos, el reflejo vivencial de su esperanza. Caracterizada, siempre, podemos decir, por la inquietud del alma, por le reencuentro con la Gracia; inquietud orientada hacia Aquel que solo pude colmarla. "El fundamento de esta inquietud reside

---

[124] PEDRO LAIN ENTRALGO, o. c., p. 46.
[125] PIRRE TEILHARD DE CHARDIN, Le Phénoménn humaine, p. 289 ss.
[126] SANTIAGO RAMIREZ, La esencia de la Esperanza, p. 196 y p. 50, nota 16.
[127] ALOIS EDMAIER, Horizonte der Hoffnung, p. 37.

en la insuficiencia radical, en la falta esencial que sufre el hombre en cuanto creatura sacada de la nada"[128].

Podemos ver en S. Agustín como uno de los grandes clásicos de la esperanza humana.

Si nos acercamos a S. Tomas de Aquino nos encontramos con nuevas perspectivas.

No pretendemos hacer aquí un estudio específico sobre la esperanza en el pensamiento de S. Tomas; hemos citado algunas obras a nuestro juicio excelentes dedicados ya a tal tema; simplemente esbozaremos algunas notas características de su pensamiento. Iluminaran así nuestro propósito ya prefijado.

Nos detendremos en la distinción que hace S. Tomas entre esperanza natural y confianza; y esperanza y amor.

-Esperanza natural y confianza:

Como pasión del apetito sensitivo la esperanza se apoya sobre la confianza (fiducia), con la cual no debe ser confundida.

El hombre, explica S. Tomas, cree que llegara a alcanzar lo que desea, y lo que piensa como accesible. Esta especie de conocimiento anticipado determina en el apetito el movimiento llamado confianza.

La confianza queda así como un lazo sutil entre la creencia y la esperanza para fortificarla; "fiducia importat quoddam robur spei"[129].

-Esperanza natural y amor:

La pregunta que surge espontáneamente, es la posibilidad de relación entre esperanza y amor.

Afirma S. Tomas que la relación entre ambas es reciproca: en ciertos casos el amor engendra la esperanza y en otros la esperanza es causa del amor.

---

[128] H. P., p. 111-112.

[129] S. Th., II-II, q. 129, a6.

En el primer caso la esperanza concierne al bien, cuya posesión depende esencialmente de nosotros mismos. Esta manera de esperar S. Tomas la llma "sperare tantum": el amor del bien futuro nos incita a esperar y desear ese bien[130].

La segunda posibilidad se da cuando nuestro modo de esperar es "expectante", o sea cuando el alcanzar el bien esperado depende esencialmente del otro y no de mi, y este caso nuestra esperanza en aquel nos procura la posesión futura de ese bien, nos impulsa a amarlo[131].

De modo que su existencia concreta, según S. Tomas, el hombre espera porque ama y ama porque espera. Nota está verdaderamente interesante y profunda como es habitual en S. Tomas.

Y por último, notamos en S. Tomas, la distinción entre la esperanza natural y la esperanza teologal.

La esperanza humana no es una virtud, siendo por naturaleza un movimiento imperfecto, puesto que no se espera, sino lo que no se posee; ella no merece ese nombre, "déficit a ratione virtutis"[132].

La esperanza teologal es virtud, porque es expectación, cierta de la eternidad bienaventurada, su principal objeto es Dios[133].

Si damos un paso a la época contemporánea, nos encontramos con características bien singulares. La historia humana se ha caracterizado, con sus grandes altibajos como un estado de esperanza, a pesar de todas las negatividades. Pero en nuestra época los signos de cansancio en la esperan se notan profundos y críticos. Un desaliento general pareciera asfixiar al hombre contemporáneo. Dios, como objeto de la esperanza humana no solo es desconocido, sino positivamente negado como alienación enajenante de las potencialidades creadoras del hombre en su historia social y personal. El "Dios ha muerto" de Nietsche, para que el hombre viva, pareciera tener un eco profético y profundo en la vida del hombre contemporáneo.

130 S. Th., I-II q. 25. A4.
131

132 Ibíd.
133 S. Th., II-II, q. 17, a1, y a5.

"El ateísmo marxista y existencialista de hoy se formula en función de la negación misma del Absoluto…ya que desconoce todo compromiso metafísico: porque una vez que se admitan las esencias –advierte Marx- su consistencia como reales, y la consiguiente jerarquía de valores, el paso al Absoluto es inevitable"[134]. El existencialismo de Jean P. Sartre, es una expresión y formulación del pensamiento de una época que vive su crisis de esperanza. "El existencialismo que yo represento es más coherente, declara que si Dios no existe, existe al menos un ser en el cual la esencia precede la esencia, y este ser es el hombre. No existo por lo tanto una esperanza humana, porque Dios no existe para concebirla….el hombre nos es sino aquello que realiza[135].

Pero el mismo Sartre se defiende contra la crítica de la desesperación: "el existencialismo es un optimismo, una doctrina de acción, solo por la mala fe, confundiendo su propia desesperación con la nuestra, los cristianos pueden llamarnos desesperados"[136]. Pero por otra parte, a pesar de su invitación al optimismo dentro de su existencialismo ateo, el mismo lanza al hombre a un proyecto desesperante e inalcanzable: el hombre es el ser que aspira a ser Dios.

"Ser hombre es tender a ser Dios, o si se prefiere, el hombre es fundamentalmente deseo de ser Dios"[137].

Pero el problema reside precisamente en esto, si el hombre aspira a ser Dios, espera lo que no puede esperar, espera algo imposible. No solamente porque el hombre no puede convertirse en Dios, sino por una razón mucho más grave y radical: porque la noción de Dios es en sí mismo contradictoria.

"El hombre es un deseo de ser Dios, pero Dios es impensable e imposible, no existe y no puede existir; luego el hombre es una pasión inútil"[138].

Tal es en pocas palabras la afirmación sobre la cual se edifica la estructura de la obra de Sartre "El Ser y la Nada".

[134] CORNELIO FABRO, L´Uomo e il Rischio de Dio, p. 47.
[135] JEAN P. SARTRE, L´Existentialishe, o. c. p. 21-22.
[136] JEAN P. SARTRE, L´ Existenctialime…o. c., p. 95.
[137] JEAN P. SARTRE, L´ etre et le néanr, p. 653.
[138] JEAN P. SARTRE, ibid., p. 708.

En esta perspectiva el hombre está condenado, no a la desesperación sino simplemente a la desesperanza total. El hombre queda sumergido en la noche de sus límites como "pasión inútil".

"Bajo esta tentación, la angustia por la muerte tiene para Marcel, cuando es acogida y amargamente aceptada en nosotros, el sentido del rechazo del misterio ontológico, es decir de la iluminante certeza en la cual se enraízan, la fidelidad, el amor y la esperanza"[139].

Tengamos el valor de afrontar el misterio del ser. Este camino nos abrirá nuevos horizontes. Concretamente nos adentraremos en él por el pensamiento de Marcel. Y lo haremos a través de dos tiempos.

En primer lugar detectaremos las características de la esperanza, por el esbozo de una fenomenología de la esperanza.

Y luego en un segundo tiempo intentaremos desvelar su estructura metafísica, teniendo ante nuestro ojos el triple estadio, como una de las interpretaciones de la experiencia óntica, ontológica y metafísica.

En esta perspectiva veremos si la esperanza como modo concreto de acercamiento al misterio ontológico, nos abre horizontes a través de su estructura, para una abertura a la trascendencia. Este panorama se nos presenta como línea aclaratoria de nuestro trabajo y a su vez, como punto interrogativo que deberemos resolver.

II.FENOMENOLOGIA DE LA ESPERANZA

1. Nota introductoria.

Al abordar el tema de la esperanza en su dimensión total, nuestro método no será partir de una definición, para luego por deducciones analíticas llegar a aclarar su

[139] PIETRO PRINI, Storia dell'Esistenzialismo, p. 106.

contenido. Se trata más bien de un método concreto, seguido a través de todo el trabajo señalado ya al comienzo del mismo, que tiene por base la misma experiencia y por objetivo el "de devolver a la experiencia humana su peso ontológico".

Si la experiencia de la esperanza aparece paradojal y desconcertante, para muchos no está allí el problema. Si aparece fácil de negar o posible de traicionar, esto mismo demuestra su sello real, "su ser", enraizado en la experiencia humana. Por lo tanto no es un argumento ni contra su valor, ni contra su realidad. Admitida su realidad, en un primer momento de nuestra reflexión, intentaremos descubrir, por oposición, las notas constitutivas de la esperanza. Distinguiéndolas de todo aquello que se opone a la misma. Este plan de reflexión, nos revelara la dimensión real de la experiencia que acompaña toda vida humana; y por otra parte nos facilitara el paso a la estructuración metafísica de la misma.

La esperanza, como lo veremos en nuestro análisis posterior, no se sitúa en el plano de la simple "posesión objetiva", sino que se revela en la "comunión misma del ser". No se revela en el plano del "haber", usando una distinción vertebral en el pensamiento de Marcel, sino en el plano del "ser". Como vimos, este doble plano entrecruza toda la reflexión de Marcel.

Pasamos así al análisis de las notas fenomenológicas.

2. La esperanza no es optimismo.

En el pensamiento de Marcel la esperanza y el optimismo difieren radicalmente. Nada está más lejos del "yo espero", que el "todo se arreglará", formula tan usada por el optimista.

El optimista se ubica unilateralmente; desde su ángulo descubre solo el lado bueno de las cosas, de la realidad del mundo, y de los hombres. No se enraíza en la realidad, para visualizarla desde allí, sino que adopta la actitud del espectador, comprometiéndose, juzgando que las casa terminaran por arreglarse. Paralelamente, el pesimista se encauza por la misma actitud, solo que su visualización de la realidad es negativa. El mundo se presenta esencialmente ambivalente en el bien y en el mal. El pesimista solo vera el extremo negativo, ocultándose a sí mismo la otra dimensión real que lo rodea y que es incapaz de ver. Tanto el pesimismo como el optimismo son superficiales y por ende espectaculares, ya que salen de la órbita de lo real.

"En último análisis el optimista en cuanto tal, encuentra siempre el punto de apoyo en una experiencia, que no es tomada en su intimidad y en la vivencia profunda de sí misma, por el contrario se la considera a una distancia suficiente para que ciertas oposiciones se atenúen o se reúnan en una armonía general"[140].

Frente a esta posición optimista la esperanza presenta otra dimensión distinta. Supone ante todo una implicación personal en el proceso que la determina.

La esperanza concierne a la persona y es siempre abandono y confianza. La realidad es visualizada en su dimensión real. El hombre no se engaña frente a ella.

Pero si la esperanza no es optimismo ¿podrá identificarse con el deseo?

3. Deseo y esperanza.

Para Marcel son dos conceptos que difieren claramente, por la diversidad de planos en los que se ubican.

El deseo está orientado a un objeto muy concreto y determinado. Está asociado por ende, con la técnica y el temor, ubicándose así en el plano del "haber". El objeto del deseo se refiere siempre al plano de la "posesión" o al plano del "haber". Desear es codiciar la fama, la gloria y la riqueza... Por lo tanto, frente al deseo surge el temor de fracasar, de perder lo que teníamos entre las manos.

En el plano de la posesión donde el deseo domina, se conjuga siempre con la técnica para lograr los objetivos prefijados. Sin escapar nunca al círculo del temor y de la aprehensión.

[140] H. V., p. 43.

Hay otro aspecto que es una profundización y prolongación del deseo mismo, y en el que Marcel hace hincapié en sus reflexiones, es el "yo espero que...muy cercano al deseo. Y concretamente: Yo espero una visita, por ejemplo[141]. Diversos elementos podemos distinguir en esta espera: hay un deseo, una creencia que la visita llegar, pero por mi parte esto no me inquieta; las razones de la misma son exteriores a mí, no tocan, ni están enraizadas en mi ser, son indiferentes para mí. En una palabra el "yo espero que"... se confunde en ultimo termino con el circulo concéntrico del deseo.

La esperanza se ubica en otro plano totalmente distinto. Trasciende invenciblemente lo objetos particulares a los cuales pareciera ordenarse[142]. Se espera siempre la restauración de un orden viviente en su integridad[143]. Se espera en síntesis la salvación[144]. Salvación donde todo mi ser está implicado, como abertura a una situación liberadora.

Supera así todo objeto particular, en el plano del "posesión", para comprometer mi "ser", total en esta espera. A la radical inseguridad del "haber", mi espera se abre a la seguridad del "ser"[145].

Siendo pues, nuestra reflexión sobre las notas aclaratorias, para esclarecer una fenomenología de la esperanza, es necesario distinguir, según Marcel, entre esperanza y vitalidad.

4. Esperanza e impulso vital.

Es muy común identificar el vivir y el esperar. De modo tal que vivir se llama esperar para muchos. Y la identificación nace precisamente en que la vida misma se encarna en la esperanza. Es inmanente a la vida misma. La preocupación de muchos médicos está orientada a fomentar la esperanza del enfermo durante las grandes crisis, como impulso imprescindible hacia la curación total. La esperanza nace como ancla de

[141] H. V., p. 38.
[142] H. V., p. 43.
[143] E. A., p. 108.
[144] E. A., p. 108.
[145] P. A., p. 278, 280, "De L´ Audace en Metaphisique", en Revue de Métaphisique et Morale, 52 (1947), p. 241; H. V., p. 39-40.

salvación de la vida misma. Y en íntima relación a la misma. Vivir y esperar no pueden disociarse.

Pero para Marcel la esperanza se ubica en otro plano. La esperanza nunca puede ser considerada en el plano de la identificación con la vida misma. Ya que la esperanza puede sobrevivir a la ruina completa del organismo. El caso concreto de un enfermo incurable, es un ejemplo claro de esta realidad. "Esperanza absoluta, inseparable de la fe absoluta, y que trasciende toda condición y por ende toda representación, sea cual sea esta[146].

Sin duda la esperanza se presenta como un signo vital, como impulso vital, pero despojando el termino de todo sentido biológico. "La idea de una física de la esperanza es absurda, y según toda su apariencia contradictoria"[147].

Si fue necesario distinguir la esperanza del optimismo, del deseo, y del impulso vital, para una mayor aclaración de la misma, nos parece necesario, como última nota fenomenológica aclarar el abismo que separa: la desesperación de la esperanza.

5. Desesperación y esperanza.

Traduciendo un término (unhope) de Tomas Hardy, Marcel distingue entre desperar (inespoir) y desesperar (désésperer).

El "desperar" indica la angustia indeterminada, irreflexiva y no caracterizada, que experimenta aquel que se siente víctima del tiempo y el destino.

Cuando el "desperar" se refiere a un objeto determinado, se cambia en "desesperar"[148]. Al "desesperar" la persona se establece en lo invariable. La inmovilización que engendra el desesperar "disgrega esta fuerza de la vida que debería como una llama devorar (con ardor) todos los obstáculos del devenir personal. Pero bajo la acción maléfica de la desesperación, esta llama se aleja de su alimento natural, para

---

[146] **H. V.,** p. 59.
[147] H. V., p. 42.
[148] H. V., p. 106.

devorarse a sí misma. Esto se expresa admirablemente cuando se dice de un ser: Que se consume"[149].

Desesperar es "capitular"[150], pero capitular en el sentido pleno del término, no es solamente reconocer la inevitable como tal, sino deshacerse, en presencia de lo inevitable, "renunciar a ser el mismo, es estar fascinado por la idea de su propia destrucción, a punto tal de anticiparla"[151].

En esta perspectiva la desesperación es una verdadera "autofagia espiritual".

El desesperado incapaz de vivir en la realidad y de la inagotable relatividad de lo real, se consume y se refugia en una radical y árida soledad, como un desertor no animándose a afrontar su propia existencia.

La esperanza, por el contrario, se presenta como un signo de unidad y reconciliación, entre mi devenir y mi ser, entre mi presente y mi futuro al cual estoy ligado por la proyección de la esperanza misma.

Hemos terminado así las notas aclaratorias.

El estudio aclaratorio de las notas fenomenológicas nos ha permitido delimitar paso por paso el área de la esperanza, nos hemos acercado así paulatinamente a la esperanza para poder captarla en sí misma y percibir más tarde su riqueza y valor ontológico. Para lograr una descripción clara de su esencia, etapa en la cual nos embarcaremos inmediatamente, iremos escalonando los tres elementos constitutivos que constituyen el acto de esperar. Por el análisis de estos tres elementos tendremos fundamentalmente comprendida la dimensión fenomenológica en el pensamiento de Gabriel Marcel. Terminado así el primer tiempo de nuestra investigación.

---

[149] H. V., p. 56.
[150] H. V., p. 48.
[151] H. V., p. 48.

6. El sujeto de la esperanza.

La esperanza es solo un fenómeno humano. Lo notamos al comienzo. Por ende solo el hombre es el sujeto de la esperanza. Detengámonos por un momento para analizar las características del sujeto que espera. Ante todo, el hombre como sujeto de la esperanza se revela a los ojos de Marcel en estado de "cautividad".

Este estado implica el sentimiento de no poder acceder por sus propios medios a una plenitud vivida. Un enfermo, un exiliado, un prisionero, en un sentido más amplio todo hombre que aspira a su propia plenitud y que siente el peso de su propia limitación, vive en estado de "cautividad". Es cautivo en su propia realidad. La esperanza se presenta como estado de liberación y plenitud. La única realidad capaz de romper el círculo de la cautividad para entregar al hombre, la posibilidad a la plenitud.

De allí que "por una paradoja que solo sorprende a un pensador muy superficial, cuanto menos la vida sea experimentada como cautividad tanto menos el alma será capaz de ver el brillo de esta luz velada, misteriosa...que está en el corazón mismo de la esperanza[152].

La esperanza es por tanto un estado de "liberación". Este estado de cautividad-liberación en el que el hombre está comprometido, no es un estado de soledad, sino un estado esencialmente "comunitario". Se vive en cautividad como se espera en comunidad.

-Nadie vive solo. Nadie espera solo. La esperanza no se sitúa en una conciencia centrad sobre sí misma, sino ligada a la intersubjetividad. Anida en nosotros como realidad viviente. No hay por ende esperanza verdadera sin un amor interpersonal. Nadie espera para él solo. La fórmula autentica para expresar esta solidaridad y reciprocidad comunitaria en la espera, según Marcel, es "yo espero en ti para nosotros"[153]. "En ti", porque esperar es siempre confiarse a una realidad personal, a un ser de la misma profundidad en la existencia que podemos llamar "tú"; y "para nosotros" porque ambos estamos implicados intrínseca y necesariamente en la realidad que esperamos.

---

[152] H. V., p. 41.
[153] H. V., p. 77.

En consecuencia, la esperanza siempre está ligada "a una comunión tan interior como puede darse"[154].

Por esto aquel que espera vive en estado de disponibilidad, abierto a lo real y a sus semejantes, y al mismo tiempo comprometido con el proceso que espera. "Más un hombre es indisponible menos lugar hay en él, para la esperanza; centrado en sí mismo pierde la comunión renovadora con su prójimo, que es lo más preciso en la vida. Aislado así se entrega a la desesperación, que no es en fondo sino una toma de conciencia de este aislamiento".

Por otra parte, el alma más disponible, mas entregada interiormente, es la más protegida contra la desesperación.

Sabe que no se pertenece. Que su ser es don. Que su vida solo tiene sentido en la donación. Y esta donación proyecta al hombre a la plenitud y a la esperanza.

-El sujeto que a través de la esperanza se abre a la comunión intersubjetiva, se debe rodear de paciencia. La paciencia es condición esencial de la esperanza.

Aquel que espera pacientemente sabe dar su valor al tiempo "Dejar el tiempo al tiempo", dice un sabio proverbio español.

La paciencia se sitúa más allá de la indiferencia, no es un simple "dejar pasar", sino que es respectar la carencia vital, como exigencia de la misma existencia. La paciencia se presenta como el ritmo vital de la esperanza. En su cauce la esperanza adquiere vigor y solidez. Y luego su madurez.

Vivir la esperanza en la paciencia, ayudara al hombre a soportar las pruebas más grandes, asimilándolas a su proceso creador. Para que este proceso creador, privilegio de la persona humana realice la madurez de la persona misma, se vuelve condición imprescindible vivir la esperanza en la dimensión original de la paciencia[155].

Hemos recorrido así las características fundamentales que constituyen al sujeto que espera. El sujeto que aspira a la liberación en la comunión y en la paciencia. Este sujeto

---

[154] H. V., p. 74.
[155] H. V., p. 50-51.

es capaz de dar un sentido nuevo a su existencia por su dinamismo y vitalidad interior, alimentada por la esperanza.

Pero este hombre como sujeto de la esperanza ¿Qué es lo que espera?

Abordemos el objeto de la esperanza.

7. Objeto de la Esperanza.

Para Marcel el objeto de la esperanza se puede delimitar en su aspecto fenomenológico con tres características fundamentales: la trascendencia del objeto, su independencia, y el hecho que escapa a todo inventario. Analicemos cada uno de estos aspectos.

-La trascendencia del objeto:

Hemos descubierto la singularidad de la esperanza como fenómeno humano. Es propiedad exclusiva del hombre. Solo él posee este fuego en su ser. Solo él proyecta esperanzas. Su vida está inundada de esperanzas. Pero estas esperanzas en plural, se unifican en una fuente original: el bien. El hombre busca y aspira al bien. El bien es el fundamento íntimo y ultimo de todas las esperanzas. Aquí cobra relieve la distinción hecha por Marcel anteriormente entre el "espero que", y el "esperar" simplemente. Por esto el objeto de la esperanza es tanto más real cuanto más excede el alcance de nuestra imaginación y el fruto de nuestras propias manos.

Pero, como objetan los positivistas, ¿no se tratara simplemente de un sueño del hombre que intenta convertir sus deseos en realidad? "Cuanto más la esperanza se fije o quede hipnotizada en una cierta imagen, tanto más la objeción formulada será considerada irrefutable. Pero si por el contrario, la esperanza trasciende la imaginación, de modo que se me impide imaginar lo que espero, en esa medida la objeción se vuelve fácilmente refutable"[156].

---

[156] H. V., p. 57.

El objeto de la esperanza se presenta como el punto de atracción de toda la actividad humana, superando cada uno de los bienes particulares, funda y reunifica su obrar en un bien que no es capaz de delimitar ni de imaginar.

"¿Por qué los hombres siempre esperamos? ¿Por qué tendemos hacia el Bien? ¿Por qué el hombre arrojado aquí en la temporalidad, posee como aspiración fundamental la esperanza orientada al futuro?[157].

Del análisis del objeto fenomenológico surge espontaneo el cuestionar metafísico, queda como interrogante, y que luego desarrollaremos. Una vez más aparece justa la observación de Heidegger: "ninguna cuestión metafísica puede ser formulada es el que interroga –como tal– no este envuelto en la misma, es decir comprometido en la esperanza"[158].

Intentamos dar un paso más tratando de apresar las otras notas constitutivas del objeto de la metafísica.

A la nota de la trascendencia es necesario añadir el hecho que el objeto de la esperanza "excede" toda clasificación, según Marcel.

Si el objeto de la esperanza no puede ser imaginado, menos aún podrá ser sometido a una contabilidad calculadora[159]. Escapa a toda técnica. Su dimensión esta fuera del proceso de todo "hacer" humano. En la medida que el hombre se construya por su "hacer" se consolide en su "haber", y se cierre en él, como refugio salvador, en esa misma medida se vuelve incapaz de esperar. El deseo gira en la órbita del "haber". El haber oscurece el "ser", y por ende la esperanza. Solo los seres liberados de la "posesión" unilateral y obnubilante son capaces de esperanza.

Es por eso que el objeto de la esperanza caracterizado por la trascendencia, en primer lugar, se visualiza ahora como fruto inalcanzable para el hombre como la sola obra de sus manos. No puede ser limitado por su cálculo, ni realizado por su "hacer".

---

[157] ALOIS EDMAIER, o. c., p. 74-75.
[158] MARTIN HEIDEGGER, Was ist Metaphysik?, p. 24.
[159] E. A., p. 110, 115. H. V., p. 80.

Por lo tanto el objeto de la esperanza presenta un carácter particular de "independencia", como su tercera nota determinante.

Este carácter de independencia, que posee el objeto de la esperanza, está implicado en su misma trascendencia. Implica una bipolaridad estructural. No es nuestro. No posee el signo de la fragilidad esencial humana de toda obra humana. Por eso nos supera y trasciende.

Pero por otra parte es para nosotros. Estamos orientados al objeto de la esperanza. Vivimos en la espera. No existimos sino orientados hacia el horizonte de la esperanza. Marcel expresa esto en forma paradojal: "es igualmente verdadero y por consiguiente igualmente falso decir que la esperanza depende y no depende de nosotros"[160]. Este aspecto antitético que se presenta en el plano fenomenológico deberá ser aclarado en el estudio de la estructuración metafísica.

Para terminar esta investigación fenomenológica sobre la esperanza, vistos el sujeto y el objeto de la misma, intentaremos para completar nuestra visión, detectar algunos aspectos que brotan de la relación entre los mismos.

Podemos distinguir diversos aspectos del acto del esperar, su originalidad, su incondicionalidad, su carácter profético y gratuito. Desarrollados estos conceptos, tendremos una visión global fenomenológica de la esperanza en el pensamiento de Gabriel Marcel.

8. Relación entre el sujeto y el objeto de la esperanza.

El acto de la esperanza implica una primera característica en nuestro análisis: su originalidad. Esta originalidad del acto de esperanza se manifiesta con claridad cuando el espíritu se ubica frente a la realidad misma. Pero podemos ubicarnos frente a ella en un doble plano: en un primer plano impersonal, nuestro espíritu se ubica frente a la esperanza con el "se piensa", "se dice". Permaneciendo así en la esfera superficial, sin penetrar en la profundidad de lo real. Por el contrario, en un segundo plano en acto de

[160] H. V., p. 80.

esperanza, el hombre toma una posición original y profunda frente a lo real. Se compromete frente a al realidad, y afirma "una cierta creatividad en el mundo o la existencia de recursos reales puestos a la disposición de esta creatividad"[161].

Por el acto de esperar, y aquí se nos revela su originalidad, el hombre supera la opacidad de lo real, para encontrar la abertura luminosa de la creatividad, de la que solo él es capaz, frente a lo real.

Pero la creatividad supone "una relación original entre la conciencia y el tiempo"[162] y precisamente a esta relación Marcel la denomina el "poder profético" de la esperanza[163].

La esperanza aparece para Marcel como un salto o un impulso hasta la trascendencia. La existencia del hombre no se repliega sobre sí misma, en un "tiempo cerrado"[164] como sucede en la desesperación, sino que el acto de esperanza se caracteriza esencialmente como "reconciliación", entre mi yo y mi futuro, como tiempo abierto, en el cual el hombre camina hacia el objeto cierto de su espera.

Y en este "tiempo abierto" se nos manifiesta otro aspecto importante de la esperanza: su incondicionalidad.

Aquel que espera no impone condiciones. Si condiciono mi esperanza, pongo limites a los obstáculos que debo superar, de modo tal que no me dispongo a afrontar todo lo que se me presenta.

Aquel que no impone ninguna condición, ningún límite, "abandonándose a una confianza absoluta trascenderá por sí mismo toda decepción posible y conocerá una seguridad del ser o en el ser"[165].

Esta seguridad en el ser, a la cual nos conduce una esperanza incondicional, nos revela el carácter de "gratuidad del ser mismo, en el que somos y por el cual existimos, sin que dependa de nosotros. Y por esto que Marcel afirma: "En la raíz de la esperanza,

---

[161] H. V., p. 66.
[162] H. V., p. 66.
[163] E. A., p. 115, H. V., p. 78.
[164] H. V., p. 68.
[165] H. V., p. 80.

hay alguna cosa que nos ha sido literalmente ofrecida, por eso podemos rechazar la esperanza como el amor"[166].

A través de este breve estudio de las diversas características de la esperanza, hemos podido desocultar paulatinamente la estructura fenomenológica de la esperanza humana, en el pensamiento de Marcel.

Constatamos en consecuencia que la esperanza, como fenómeno exclusivamente humano, forma parte de la estructura real del hombre y que no podemos ignorar su dimensión y realidad dentro de la misma.

Esta estructuración fenomenológica nos exige estructuración metafísica.

Si la esperanza se presenta como fenómeno humano ¿Cuál es su valor y dimensión en la vida humana?

Su realidad fenomenológica no supera el nivel de experiencia particular, reduciéndolo todo a una experiencia fragmentada.

¿Por qué el hombre espera siempre y para siempre el bien el cual busca apasionadamente en cada rincón del ser?

¿Por qué en la seguridad contingente de su ser busca la trascendencia hacia lo permanente?

¿Todo esto es ilusión o la tendencia de una pasión inútil?

Nos abrimos así al estudio de una metafísica de la esperanza.

III METAFISICA DE LA ESPERANZA

De la fenomenología pasamos por lo tanto a la consideración de la estructura metafísica de la esperanza.

¿Cómo se debe concebir la esperanza en la esfera del ser?

¿Qué podemos decir del sujeto que espera y del objeto esperado en el plano del ser?

---

166 H. V., p. 80.

¿Por qué el hombre arrojado a la temporalidad proyecta siempre su esperanza al futuro?

¿Por qué el hombre desea ser siempre y para siempre?

Todas estas cuestiones y las ya planteadas en la fenomenología nos obligan a entrar racionalmente en el plano metafísico para desocultar el sentido último de la esperanza, devolviendo así al mismo tiempo "el peso ontológico a la experiencia humana".

1. El hombre y su ordenación al ser.

En el análisis fenomenológico hemos descubierto al hombre en estado de "cautividad". El "yo espero" era el signo original, que manifestaba el deseo del hombre de su propia e ilimitada perfección. Sin desconocer por ello las limitaciones esenciales de su ser corporal: el peso diario del dolor que se anida en su ser, la noche que envuelve el comienzo y el fin de su vida. Estos y otros más que podríamos enumerar son signos reveladores de la condición de cautividad y limitación a la que está sometido el hombre.

Frente a esta condición como estado de cautividad ¿está el hombre obligado a desesperar?

De ninguna manera. Por el análisis metafísico intentaremos ver las razones.

"Para salir de la resignación y desesperación bastara al hombre no cerrar su alma a un sentimiento tan original y profundo como el de su propia deficiencia: un sentimiento existencial, profundo como es el de confianza en la capacidad creadora de la realidad, una inclinación inmediata e íntima a creer en su poder creador. Tal es la raíz metafísica de la esperanza"[167].

"Esperar, afirma Marcel, "es abrir un crédito al universo"[168], "abrir un crédito a la realidad"[169].

---

[167] PEDRO LAIN ENTRALGO, o. c., p. 292-293.
[168] E. A., p. 107.
[169] E. A., p. 109.

Frente al hombre que espera la realidad se le presenta, infinita, inagotable, capaz de responder. La esperanza no es sino, según una frase iluminadora de Marcel, "una verdadera respuesta del ser"[170].

Es precisamente sobre este punto que nos queremos detener prolongando el pensamiento de Marcel, ya que él mismo no lo explicita de este modo, pero nos da pie a ello.

La esperanza, por lo tanto, se ubica en la esfera del ser y en esta esfera intentaremos desentrañar su estructura metafísica.

"Todo el ser se centra y se interioriza en el hombre, sin dejar de ser exterior a él...y en el hombre el ser se hace sujeto, deviene logos, se transforma en autotransparencia y autoconciencia"[171]. El hombre se apodera del ser, pero nunca de un modo total. Y el ser a su vez envuelve y supera al hombre. Se verifica así una comunión intrínseca entre el ser y el hombre. El hombre es en, por y para el ser. De modo tal que es "un impulso al ser"[172]. La esperanza se estructura en este impulso. Y este impulso al ser es y permanece esencialmente fundamento de cada ser humano. La esperanza se manifiesta en que el hombre "quiere la perennidad en el ser, la plenitud en el bien y la realización de todas sus posibilidades"[173].

Por su propia naturaleza tiende incansablemente hacia lo mejor, busca insaciablemente el bien al cual tiende y en el cual espera. A mayor experiencia del mismo, hay mayor búsqueda. Mayor insaciabilidad.

Ningún hombre realiza esta experiencia de búsqueda de igual modo, signo manifestativo de la originalidad de la persona humana, pero nadie prescinde de esta búsqueda ya que se revela como esencial al ser del hombre.

Por lo tanto esta esperanza que trasciende todo plano humano, nos hace ver que el hombre quiere y espera ser siempre y lograr todas las posibilidades. "El hombre quiere

---

[170] H. V., p. 39.
[171] LUIGI BOGLIOLO, L´ Uomo nell´Essere, p. 196.
[172] ALOIS EDMAIER, o. c., p. 78.
[173] Ibíd., p. 79.

una existencia salvadora"[174]. La esperanza se ubica por lo tanto en el plano del ser y esta ordenada al ser. De allí que el hombre que vive en y de la esperanza debe dar su respuesta responsable en el plano del ser.

2. La esperanza entre el "haber" y el "ser".

Para Marcel la esperanza como "respuesta al ser" en el cual el hombre está comprometido se hace desde perspectivas verdaderas muy personales. Aquí una vez más entrara en juego la visión personal de Marcel el paso del "problema" al "misterio" y del "haber" al "ser". Trataremos de determinar con mayor precisión la línea por donde se proyecta su pensamiento sobre la esperanza.

En el capítulo segundo de nuestro trabajo hemos analizado ya la oposición entre el "haber" y el "ser", como una de las ideas vertebrales que emplea Marcel para estructura su concepción del hombre.

Nuevamente aquí "el haber", vuelve a ocupar nuestra atención.

"Solo los seres enteramente liberados de la traba de la posesión en todas sus formas están capacitados para conocer la divina imponderabilidad de la vida en la esperanza[175].

Más nos aferramos a nuestras posesiones, más nuestras posesiones nos cercan y cierran en el círculo de la ansiedad, de la angustia y del temor. Este círculo nos cerca de tal modo que impide toda actitud de esperanza. Si nuestras posesiones nos poseen, ahogan en nosotros toda actitud esperanzada.

Pero por otra parte, nadie puede negar la necesidad del "haber", para el hombre. El desarrollo de nuestras potencialidades está condicionado a su "haber". Si no posee lo elemental para su desarrollo como persona es imposible que realice su ser personal. Su ser es esencialmente frágil.

El "haber" es necesario al "ser", pero el "ser" no debe ser poseído por el "haber", sino ordenado al "ser". Pero en la condición humana sometida a la concupiscencia, todos

---

[174] ALOIS EDMAIER, o. c., p. 81.
[175] H. V., p. 78.

poseemos experiencia vivencial de la misma; el “haber” oculta, intenta dominar el “ser”. De modo tal, que si estamos instalados en nuestros bienes y talentos, solo seremos permeables a la esperanza “por las brechas o fisuras que existen en la armadura del “haber” que nos recubre[176].

Cuando en medio de mi “haber”, riqueza o pobreza, poder o impotencia, inteligencia o medianía, yo descubro una chispa de lo que “soy”, comienzo a abrirme a la esperanza.

El “haber” puede ser transformado en el “ser”, pero una potencialidad transformadora (la creación y el amor) de la que solo el hombre es capaz.

Solo por esta virtud transformadora el “haber” se cambia en el “ser”. Y precisamente entonces por la creación y el amor se construye el camino de la esperanza. La esperanza se proyecta y concretiza a través de la creación y del amor, según Marcel.

En su ser el hombre descubre la capacidad de creación y amor y por ellos el hombre realiza el dinamismo de su esperanza.

“La esperanza es un aspecto vital del proceso por el cual una creación se cumple”[177].

Detengámonos por un momento para ver la dimensión de la creación y del amor en la vida del hombre, como apertura a la esperanza. Toda vida personal es una vida creadora. Es el signo original de la persona humana. Solo se realiza en la creación. Es un imperativo de todo hombre. No puede renunciar a él su pena de negar su propia naturaleza. Basta que su amor se encarne en una reciprocidad personal para que surja renovadamente creador. En esta reciprocidad ejerce su capacidad creadora. Recrea su ser y al ser que ama. Por esto abre su ser a la esperanza.

“Amar un ser es esperar de él una cosa indefinible e imprevisible pero al mismo tiempo es darle de algún modo el medio de responder a esta espera”[178].

---

[176] H. V., p. 79.
[177] Ibíd., p. 74.
[178] H. V., p. 63.

La actividad creadora del hombre, el amor, la fidelidad, la esperanza se implican y complican mutuamente en la existencia humana. Por lo tanto el que ama, espera; y el que espera, da, se entrega al dinamismo de la esperanza. Por esto afirma Marcel:

"No se puede hablar de esperanza sino donde existe esta interacción entre aquel que da y aquel que recibe; esta conmutación es el signo de toda vida espiritual"[179].

La vida en la esperanza es una vida creadora. Vida que brota por el cauce vital del amor, abriendo al hombre al tiempo nuevo. Aquel que espera reúne en su acto de esperanza todas las posibilidades de ser. Las eterniza, reconcilia y aúna en su propio ser. Por ello la esperanza se manifiesta como signo reconciliador entre el presente y el futuro. Sintetizando su pensamiento Marcel define la esperanza, es la única definición que encontramos en toda su obra. "La esperanza es esencialmente, podríamos decir, la disponibilidad de un alma tan íntimamente comprometida a una experiencia de comunión como para realizar el acto que supera la oposición entre el querer y el conocer; acto por el cual afirma la perennidad viva cuyo anticipo y primicias son ofrecidas simultáneamente por esta experiencia de comunión"[180].

Llegamos así a vislumbrar lo que significa la esperanza como "respuesta del ser" en el pensamiento de Gabriel Marcel.

Pero nuestra reflexión no termina aquí. En nuestro intento reflexivo nos queda un aspecto capital que tratar y abordar. Es el tema de la trascendencia.

La esperanza como respuesta del ser ¿posibilita una abertura a la trascendencia?

La trascendencia humana esbozada en el acto de esperanza "¿desemboca en el vacío o llegar a su plenitud?"

El hombre en la dinámica de su ser ¿se orienta a la nada o a ser siempre y para siempre?

[179] Ibíd., p. 86.
[180] ALOIS EDMAIER, o. c., p. 193.

Su esperanza de ser ¿se aniquila con la muerte? "Si la muerte es la única realidad, el valor se aniquila en el escándalo puro, la realidad es golpeada en su propio corazón"[181].

¿Cuál es camino racional que emplea Marcel para responder a estos interrogantes?

3. Esperanza y trascendencia.

"Abordando la tarea propia del filósofo, quiero recordar lo que dije en la introducción, referente al discurso filosófico del kerigma de la esperanza. Esta proximidad es a la vez un trabajo de escucha y una obra autónoma, un pensar según...y un pensador libre...Me parece que existe en el kerigma de la esperanza una innovación de sentido y una exigencia de inteligibilidad, que crean a la vez la distancia y la tarea de aproximación"[182].

Esta dualidad en que está implicada la tarea del filósofo, la hemos podido percibir a través de todo trabajo realizado, y más claramente se vislumbrara en la estructuración de la trascendencia.

Por la estructuración metafísica hemos podido descubrir que la esperanza es una afirmación en el ser. Pero cuando esta esperanza se refiere no a esto o aquello, sino a una esperanza total, entonces tocamos ya la realidad absoluta. El esperar se nos manifiesta no como algo intrínseco a nuestra existencia, sino algo ingenito, que nos hace tener confianza en la realidad, tener seguridad en una íntima convivencia, con un principio de ella, el cual está de acuerdo y en conformidad con nuestra esperanza, al menos cuando lo que nosotros esperamos y creemos, cuando nuestras gravitaciones y nuestros quereres, valen realmente la pena de ser queridos[183].

Este principio último en el que se funda la esperanza, se presenta para Marcel, como un Tú misterioso y omnipotente, capaz de responder al llamado del hombre.

---

[181] H. V., p. 200.
[182] PAUL RICOEUR, Le conflit des interprétations, p. 401-402.
[183] P. A., p. 68-69.

Pero ¿Cómo sabemos que esta inquietante gravitación tiene un valor metafísico? ¿Qué esta exigencia de perennidad será satisfecha? ¿Qué todo esto no desemboca en la Nada?

"Gabriel Marcel responde que la objeción tiene fuerza cuando se trata de una esperanza de un bien determinado e individual. Pero en el caso de la esperanza primitiva y fundamental, de esa esperanza arraigada en nuestro ser en cuanto tal, en tal caso no puede sino fundarse en una plenitud ontológica real"[184]. Si la esperanza significa esperar no esto o aquello sino esperar "absolutamente", nos encontramos con una esperanza que se funda en la absolutez misma del ser. Revelando así una ley ontológica que es garantía de su legitimidad y perennidad.

¿Por qué el hombre no colma su espera con bienes particulares?

¿Por qué su espera aspira más allá de ellos trascendiéndolos? Si la esperanza del hombre fuera limitada, se agotaría en los objetos determinados y limitados. No habría por parte del hombre elección ni determinación posible. Pero existe un hecho innegable: la esperanza del hombre trasciende todos y cada uno de los objetos que aparecen en su existencia.

¿Cuál es el origen de este llamado a la trascendencia?

No puede haber otra explicación, con valor metafísico, sino que hay un Ser que funda y orienta nuestra esperanza. El hombre tiende irresistiblemente en la esperanza al "Absoluto" de su esperanza. "Esta tendencia concreta no puede estar orientada a la nada. Tendencia a la nada es lo mismo que no-tendencia, la negación misma de la tendencia"[185].

Es necesario por lo tanto, una interpretación que dé una explicación racional satisfactoria de la misma. "¿De dónde le viene a la esperanza trascendental su impulso y su amor al ser, y su innato horror a la nada?"[186].

---

[184] ISMAEL QUILES, La persona Humana, p. 91.
[185] LUIGI BOGLIOLO, o. c., p. 238.
[186] ALOIS EDMAIER o. c., p. 196.

Esta apetencia de ser no podrá explicarse sino por un Ser que lo funda y origina; que atrae suave y profundamente a todos los seres hacia sí. El hombre por la dinámica de su esperanza se orienta consciente libremente a Él, de allí que quiere ser "todo" y por "siempre".

¿Cuál es la dimensión real del Tú Absoluto, del Ser Absoluto que es el objeto último de la esperanza humana? ¿Es un Tú personal, o es simplemente un océano indeterminado, en el cual el hombre se pierde?

Afirmamos que el Tú, en el cual el hombre espera no puede ser sino un Tú Personal y Absoluto, "ya que el hombre es en su más profunda esencia dialogo. Por esto no puede encontrar la plenitud de su esperanza en un absoluto impersonal"[187].

Por su misma esencia se no revela el hombre como "comunión" de modo que no puede encontrar la realización plena de su ser, como objeto absoluto de su esperanza, en un Ser Absoluto-Neutral, sino que por su misma esencia como "comunión", solo lograra la plenitud de su ser en un Ser Personal, capaz de satisfacer la profundidad del hombre. Por lo tanto el objeto de la esperanza se no presenta como un Ser Absoluto y Personal, capaz de colmar la apetencia ilimitada de ser y bien, que solo el hombre como ser inteligente y libre posee.

Un Tú personal se nos aparece como el término del acto de esperar...Pero esto vale solo para nosotros sino para aquellos que nos han precedido en la certeza de la espera: nuestros muertos. Para Marcel es un tema importante y que según él, lo repite a través de sus obras[188], es uno de los temas que desde los primeros años de su vida, con la muerte de su madre, ha tenido una resonancia profunda en su pensamiento.

"A partir del momento en que nos tornamos permeables a estas infiltraciones de lo invisible, nosotros, que quizás no éramos al principio más que solistas no ejercitados y, por eso mismo pretenciosos, tendemos a convertirnos poco a poco en miembros fraternales y maravillados d una orquesta en que aquellos que llamamos irrespetuosamente los muertos están sin duda mucho más cerca de nosotros que de

[187]ALOIS EDMAIER o. c., p. 185.
[188] P. I., p. 510 y además en Fragments Philosophiques, p. 78.

Aquel del que quizás no se deba decir que dirige la sinfonía, sino que es la sinfonía en su unidad profunda e inteligible, una unidad a la que no podemos esperar acercarnos más que insensiblemente, a través de las pruebas individuales, cuyo conjunto, imprevisible para cada uno de nosotros, es sin embargo, inseparable de la vocación propia[189]. Dios es la sinfonía "que aúna los miembros fraternales y maravillosos de una orquesta". Comenta el P. Moeller: "Esta frase resume todo lo que se ha dicho de la esperanza marceliana, la comunión del "nosotros", que nos hace participar en una orquesta invisible, en que los muertos esta presentes, es mediadora de la luz divina para cada uno de nosotros. Espera en los seres, desposarse con su ritmo vital, suscitar pacientemente en ellos, por la confianza y disponibilidad, el gozo y la alegría, es participar en una sinfonía divina: decir que Dios es esta sinfonía no es caer en el panteísmo. Es, sencillamente, subrayar que el ámbito divino en que alcanzamos a Dios es el ámbito del amor: eros, pero sobre, ágape, ese amor que Marcel gusta llamar filía"[190].

Hemos terminado así el análisis de la tercera condición ontológica, siguiendo el pensamiento de Marcel.

Esta última condición ontológica que terminamos de realizar tiene su sello orquestal unida a las otras condiciones que hemos expuesto. Es cierto que no hay un sistema en su pensamiento "ya que yo mismo me di cuenta que sería contrario a mis tendencias profundas de no evitar todo lo que podría ser semejante a un sistema"[191], pero con todo no podemos negar, que Marcel ha logrado su propósito "ya que conjuntamente ha beneficiado los otros de los frutos de su descubrimiento[192] .

Cuál es la dimensión y el alcance de este beneficio, en el plano filosófico, nos corresponderá dar nuestro juicio en el próximo y último capítulo de nuestro trabajo.

[189] M. E., II, p. 188.
[190] CHARLES MOELLER, Literatura del siglo XX y Cristianismo, T. IV, p. 325.
[191] GABRIEL MARCEL, En Chemin vers quel Eveil?, p. 22.
[192] Ibíd., p. 23.

CAPITULO V

I.ALGUNAS CARACTERÍSTICAS CONSTITUTIVAS DEL PENSAMIENTO DE GABRIEL MARCEL

1. Reflexión vital.

Hemos llegado a la última etapa de nuestro trabajo. A través de un largo proceso reflexivo nos hemos ido familiarizando con el pensamiento de Gabriel Marcel que nos ha resultado asequible. Pero no por eso menos profundo y revelador. Toca ahora dar un juicio. Retomar nuevamente las distancias.

"Intentaremos escuchar la voz del ser"[193], que fue palpitado a través de la reflexión, para establecer su gravedad y dimensión en el pensamiento filosófico actual. Pero no es tarea fácil.

"Una cosa es establecer y descubrir opiniones de filósofos. Otra muy distinta es discutir punto por punto con ellos aquello que dicen, esto es, aquello de los que dicen"[194].

Nuestro objetivo no tendrá el alcance absoluto de las palabras de Heidegger. Ya que exceden el objetivo de nuestra conclusión. Pero reconociendo el valor y la originalidad de un pensador como Gabriel Marcel, intentaremos modestamente encuadrar dentro de un ambiente valorativo, su concepción antropológica, que hemos intentado exponer.

El filósofo y la filosofía pertenecen exclusivamente a la dimensión humana. Pero si buscamos el origen de esta determinación del hombre por el filosofar, encontramos su principio original en el "asombro" frente a los seres. Platón y

[193] MARTIN HEIDEGGER, Que es eso de Filosofía? P. 55.
[194] MARTIN HEIDEGGER, Ibíd., p. 39.

Aristóteles desvelan ya este principio: "pues ciertamente es propio del filósofo la pasión del asombro; pues no hay otro origen de la filosofía"[195].

Aristóteles desarrolla la misma idea: "Pues gracias al asombro los hombres, tanto ahora como en un principio, comenzaron a filosofar"[196]. Por esto podemos afirmar con Heidegger: "El asombro sostiene y domina por completo (durch-herrschy) la filosofía"[197].

Pero la misma es inseparable de la condición histórica del hombre. Como él, así también ella está sujeta a todas las vicisitudes de la temporalidad histórica. Refleja, proyecta, realiza, lo que es el hombre en cada época de su historia. Es signo patente del hombre y su situación.

Es la expresión más genuina de su condicionamiento en el devenir histórico. Por eso, como el hombre, está en camino. Está marcada por el signo de la insatisfacción. Nunca está hecha definitivamente. Siempre está por realizarse. A medida que el asombro del hombre crece, la filosofía se amplía en el horizonte humano. Adquiere vigor, progreso, solidez. Pero cuando el "asombro", de desdibuja en el cansancio de búsqueda e interrogación frente a lo real, la filosofía pierde autonomía, se proclama su inutilidad, y el hombre interpreta la realidad desde un escepticismo irracionalista hasta un fideísmo absoluto, pasando por el cientifismo técnico-matemático.

La historia de la filosofía, como testigo, nos señala este movimiento pendular.

En la época moderna la filosofía se nos presenta con caracteres antitéticos.

Por un lado, el triunfo de las ciencias, por los nuevos descubrimientos e invenciones en el país de los fenómenos, señalan la inutilidad del conocimiento metafísico. Pero "aquí precisamente reside su grandeza, lo sabemos ya desde miles de

[195] PLATON, Obras Completas, Teeteto, 154 e, 156 c. p. 917.
[196] ARISTOTELES, Obras, Metafísica, L. I, cap. II, 982 a, 983 a; p. 914.
[197] MARTIN HEIDEGGER, Ibíd., p. 50

años. Inútil, decía el viejo Aristóteles, no sirve para nada, porque está por encima de todo servicio; inútil porque es supra-inútil, buena en sí y para sí[198].

Pero por otra parte, es un fenómeno de la época moderna como signo de la misma, que el hombre haya volcado su reflexión, no ya sobre la realidad exterior a él, sino que su asombro ha crecido en el encuentro de su propio ser. Ya no se considera el ser exterior e independiente de mí, sino es la consideración de mí ser "en el ser".

Kant ha sido quien con mayor agudeza ha señalado la tarea propia de una antropología filosófica. Su revolución copernicana, el hombre como centro del universo, ha sido un nuevo punto de partida en la historia de la filosofía. "Delimita la filosofía en estas cuestiones: ¿Qué puede saber?, ¿Qué debo hacer?, ¿Qué me cabe esperar?, ¿Qué es el hombre? Y añade luego: en el fondo todas estas disciplinas se podrían refundir en un antropología, porque las tres primeras cuestiones revierten en la última"[199].

El asombro crece frente al misterio original del "ser hombre". En la época actual la reflexión antropológica se ha canalizado en las corrientes existencialistas y Personalistas.

Desde Kierkegaard hasta nuestros días el continuo asombrarse reitera en la filosofía un constante cuestionar: por el ser del hombre y por el hombre en ser, a diversos niveles y profundidades.

La fenomenología de Husserl, la filosofía de los valores de M. Scheler, Heidegger, Sartre, Marcel, Blondel, para nombrar algunos, son exponentes de esta inquietud. Inquietud que se anida en la conciencia del hombre contemporáneo, y que el filósofo como personaje privilegiado, solo él es capaz de dar forma, vida y expresión. No inventa nada; siente, palpita, vive, en su propio ser lo que todo hombre, pero él solo intuye la luz, el camino; ilumina así el horizonte del ser en el que vive el hombre. Es de algún modo un precursor, un profeta.

---

[198] JACQUES MARITAIN, Distinguir pour Unir ou Les Degrés du Savoir, p. 8.
[199] MARTIN BUBER, Qué es el hombre, pág., 12-13.

Resume en sí y en su pensamiento, lo que viven y piensan los hombres de su época. La fraternidad de vida, se manifiesta en la fraternidad del pensamiento que proyectan, como fruto de su asombro frente al ser. ¿Heidegger no nos ha asombrado, con el llamado de atención, sobre el olvido del ser en la filosofía? "La cuestión del ser, hoy, ha caído en olvido"[200]. Pero este olvido del ser (Seinsvergessenheit), se debe a una negligencia (Seinsverlas-senheit), propio de la naturaleza humana, que debe buscar el ser a través de los seres.

Sartre, representante del "existencialismo ateo"[201] como él mismo se autodenomina, reunifica en sí la tentación permanente del hombre: proclama su absolutez y por otra parte su imposibilidad, de allí la absurdez de su condición. "El hombre es libertad...Si por otra parte, Dios no existe, nos encontramos delante nuestro valores u órdenes que legitimen nuestra conducta...El hombre está condenado a ser libre"[202].

El pensamiento Sartriano es la expresión real del ambiente en que vive el hombre contemporáneo. Es el eco de la gran multitud que vive la ilusión de su absolutez, no reconociendo sino en el fondo la absurdez de la condición humana.

Marcel se ubica en otra dimensión. Descubre a través d la búsqueda reflexiva "el peso ontológico de la experiencia humana". Trata de descubrir los puntos comunes a toda situación humana. No se conforma simplemente en detectar tales puntos. Se da en su pensamiento una original profundización de los mismos.

2. Intersubjetividad.

La intersubjetividad como "comunión" y la "comunión" como abertura a la trascendencia, caracterizan y definen la condición del hombre, como "ser en situación". Pero se llega a la profundización de la reciprocidad intersubjetiva, por la reflexión segunda, centrada en el análisis de la experiencia, tratando siempre de

[200] MARTIN HEDEIGGER, L´etre et le Temps p. 17.
[201] JEAN P. SARTRE, L´Existentialisme est un Humanisme, p. 17.
[202] Ibíd., p. 37.

descubrir su peso ontológico. El tema de la intersubjetividad, se manifiesta como profundización y prolongación del pensamiento de Hocking y Royce, que tuvieron gran influencia en la orientación filosófica de Marcel. "Si me sentí llevado más tarde a poner un acento tan fuerte, más aun, se puede decir, tan provocante, fue bajo el influjo de una experiencia reforzada y confirmada por la lectura de Royce y de Hocking, cual se ubica contra el monadismo prustiano"[203].

Comenta el pensador contemporáneo: "Podemos considerar a Hocking como un secuaz de Royce. Sin embargo refunde el sistema de éste, especialmente mostrando que en todo acto de conciencia se siente la presencia de nuestros congéneres y de Dios. No hay conciencia que sea co-conciencia"[204].

Una de las características que podemos detectar en la reflexión filosófica contemporánea, es este insistir en la necesidad de otras personas para la realización y constitución de la persona misma. Esta relación interpersonal escapa a la "objetivación", y se traduce en la "comunión" del yo-tú.

El escritor alemán Hamman y el pensador danés Kierkegaard, expusieron teorías de esta índole, que desde entonces han desarrollado Berdyaeff, Buber y Gabriel Marcel.

El tema de la intersubjetividad se proyectara como la clave de bóveda en su obra y su reflexión. El mismo se analiza, en su último libro, revelador y profundamente humano; al compararse a su padre afirma: "Esta intersubjetividad que llego a ser para mí siempre más manifiestamente la categoría esencial de mi experiencia, me parece que estaba como ocultada para él, por la presencia soberana del objeto. En el fondo pienso que los seres no le interesaban por sí mismos, sino por las ideas que eran como vehículos de los mismos.

Para mí, por el contrario, el ser encontrado se presentaba en cuanto tal, digno de atención, ya en cuanto ser, llegaba a ser para mí un posible personaje"[205].

---

[203] G. MARCEL, En Chemin…, p. 67.
[204] JEAN WAHL, Introducción a la Filosofía, p. 266.
[205] GABRIEL MARCEL, En Chemin, págs., 275-276.

Este aspecto intersubjetivo que recorre subterráneamente la totalidad de la obra de Marcel, tanto teatral como filosófica, no puede desvincularse de la "experiencia" misma. Su pena de ser infiel a lo que se denomina una "filosofía concreta".

Se trata de su "experiencia vivencial" que ha tenido una honda repercusión en su pensamiento. Las reflexiones que nos ha transmitido en el último libro que acaba de aparecer: "tienden en efecto, hacer resaltar la conexión estrecha que une mi obra a mi vida y mis personajes a mí mismo[206].

El ambiente histórico social en que se ha movido, el ambiente familiar en que ha crecido, los problemas familiares, después, han marcado fundamentalmente su vida y reflexión. Al explicar el movimiento íntimo de su familia, afirma: "Aquí aparece a plena luz el aspecto esencialmente dramático de la vida humana. Y yo me encontré así como directamente preparado a reconocer, como debía ser el caso luego en mis obras principales "Un hombre de Dios", o "El camino de Creta", "El Dardo" u "El Emisario", la ambigüedad irremediable del dato concreto"[207].

Su pensamiento está anclado en la experiencia. En ella encuentra su raíz, vitalidad y desarrollo. A través del análisis reflexivo que hemos realizado, pudimos constatar esta nota esencial en el pensamiento de Marcel.

De allí el rechazo de todo sistema. De toda reflexión que tenga su punto de partida en una intuición intelectual, de donde por reflexiones analíticas se llegara a la orilla de la realidad misma.

Su obra no está orientada a ningún tipo de demostración, ni tampoco posee ningún valor "apologético". Está orientada a "mostrar" mi "situación de ser en el mundo", yo diría hoy, según una dimensión de intersubjetividad, sin la cual pierde su peso...y este "ser en el mundo" convierte en irrisorio y quizás en lucido un pensamiento que busca centrarse solamente en la idea en cuanto idea"[208].

---

[206] Ibíd., o. c., p. 21.
[207] GABRIEL MARCEL, En Chemin..., pág., 41.
[208] Ibíd., o. c., p. 87.

El "ser en situación" solo puede ser abordado y comprendido desde el ángulo de la experiencia misma. Sin ella pierde su peso existencial. Dentro del ámbito de la experiencia no podemos ocultar un campo virgen que ha tenido influencia en el pensamiento de Marcel, y que comienza a ser objeto de profunda investigación científica, como es el área de ciencia parasicológica.

La experiencia metapsíquica, que Marcel ha vivido en los años finales de 1916 y 1917, de la primera guerra mundial, sin determinar su validez, ya que escapa a nuestro objetivo, han dejado una huella imborrable en el pensamiento de Marcel.

"Esta experiencia ha tenido una influencia muy profunda, y que no ha sido completamente reconocida, sobre el desarrollo de mi pensamiento"[209].

Estas experiencias metapsíquicas no han tenido el eco que Marcel hubiese deseado, más que muy pocos filósofos; pocos de ellos han captado "el sentido de esta realidad, presentando una mala fe" frente a las mismas experiencias"[210].

Pero a Marcel siempre le pareció inconcebible, que las personalidades humanas, puedan ser consideradas como especies de unidades distintas, sin comunicación entre ellas.

Hemos determinado así de modo explícito, algunas de las notas constitutivas del pensamiento de Marcel, ayudados por él mismo, comprendiendo a Marcel desde sí mismo. Seguiremos en la búsqueda de las notas constitutivas.

Estas notas que acabamos de destacar y las que luego indicaremos aparecen como señales luminosas en el sendero de un pensador como Marcel. Ellas nos darán la posibilidad de ubicarlo en una dimensión más exacta, dentro del marco de la filosofía contemporánea, y por otra parte de clarificar su mismo pensamiento.

Pero ubicar, emplazar, a un filósofo itinerante pareciera antitético. Puesto que tendríamos que detener su vitalidad y dinamismo. De allí que a Marcel solo lo podemos comprender en camino. En búsqueda. Su último libro es un signo de esta

[209] G. MARCEL., En Chemin…, p. 100.
[210] Ibíd., p. 109.

realidad: “En camino ¿hacia qué despertar? O quizás ¿hacia qué aurora? ¿Hacia qué luz?”[211].

Es siempre “el pensamiento de un caminar que no se puede confundir con un andar a la deriva”[212].

Es un peregrino infatigable. Fiel a la vida y a su movimiento. Busca con pasión, con esfuerzo. Sabe que la noche tiene su fin. Que su caminar no es en vano. Que la muerte es superada por la esperanza. Que por sobre la nada que circunda tentadoramente la condición humana, triunfara el ser. El “Tú no morirás jamás” esta sellado por el amor, la fidelidad y la esperanza. Es el preanuncio de plenitud y perennidad en el ser.

Este pensador original no se puede ubicar en ningún “sistema”, y en ningún esquema o etiqueta filosófica”...”Yo elabore los principios de aquello que me resisto a llamar mi filosofía”[213].

Por esto mismo, lucha ya desde hace mucho tiempo contra el “malentendido que ha tenido su origen entre 1946-1949, época en la cual él ha permitido ser denominado “a posar de su repugnancia” con el título de “existencialista cristiano”[214].

Malentendidos históricos, como en primer lugar la conferencia de Jean P. Sartre, “L´Existentialisme est un humanisme”, donde Sartre califica a Jaspers y Marcel como existencialistas cristianos, y a Heidegger y a sí mismo existencialistas ateos[215]. Luego el Congreso Internacional de Filosofía en Roma, después la publicación de “Existentialisme Chrétien”, bajo la dirección de Daniel Rops, darían pie para tal denominación.

[211] G. MARCEL, En Chemin..., p. 76.
[212] Ibíd., p. 76.
[213] Ibíd., p. 200.
[214] G. MARCEL, En Chemin..., p. 229.
[215] JEAN P. SARTRE, L´Existentialisme est un Humanisme, p. 17.

Por otra parte Marcel mimo se reprocha "de no haber sido siempre tan explícito"[216] y claro con respecto a todo calificativo filosófico, sea el de Existencialista como el de Personalista.

La línea más aproximativa en la que podemos ubicar el pensamiento de Marcel, es la explicitada por él mismo, en el marco de un "neosocratismo o de un socratismo cristiano"[217] y últimamente explicitada en el marco de un "humanismo", que excluya toda interpretación dogmática[218].

Y este Humanismo se manifiesta bajo las dimensiones de lo "trágico" ya que el hombre de hoy está empeñado en cortar lo que se podría "llamar sus raíces ontológicas"[219].

Lo que se vislumbra como conquista no es sino un verdadero saqueo. Este "humanismo trágico", en el cual vive el hombre contemporáneo, y en el cual se mueve la reflexión de Marcel, teme y combate los peligros exteriores que lo amenazan; contaminación del aire, de las aguas…pero no descubre –y esto es lo que Marcel intenta expresar en su reflexión- que existe una "degradación infinitamente más esencial"[220] como es el olvido de las dimensiones misteriosas del ser, en el cual y por el cual el hombre es.

Marcel vive y ausculta el pulso del hombre histórico. Por eso no es sistemático, sino "interrogativo" su pensamiento. Un pensamiento interrogativo, como lo había notado Jeanne Delhomme, y al cual Marcel reconoce todo su valor[221].

La interrogación sobre el hombre "como ser en situación" aparece por lo tanto como el objetivo esencial de su filosofía concreta. Es por esto que podemos hablar de una "antropología existencial por oposición a una antropología que sería como un discurso sobre la esencia del hombre o sobre la naturaleza humana"[222].

---

[216] G. MARCEL, En Chemin…, p. 229.
[217] G. MARCEL, Mystere de I'étre, I, Avant-Propos, p. 6.
[218] G. MARCEL, En Chemin…, p. 200-201.
[219] Ibíd., p. 202.
[220] G. MARCEL, En Chemin…, p. 202.
[221] Ibíd., p. 239.
[222] D. H., p. 32-33.

3. Teatro y filosofía.

Siendo el hombre en su situación existencial el objeto de su reflexión, podemos comprender por ende, la conjunción vital que existe entre su teatro y su filosofía.

Marcel lo reafirma en varias oportunidades.

"Mi obra dramática lejos de ser un comportamiento estéril en mi vida, completa indisolublemente mis escritos filosóficos...la obra dramática participa vitalmente de mi búsqueda"[223].

Se trata siempre de una búsqueda vital, anclada en la experiencia y desconfiando de todo pensamiento filosófico que intente formularse mas allá de la experiencia auténticamente vivida.

En nuestro análisis reflexivo, si bien es cierto que no hemos analizado ninguna obra teatral en particular, sin embargo las hemos tenido en cuenta como signos vitales de su pensamiento, sobre todo a través de lo que hace el mismo Marcel en su obra "Dignité Humaine", donde las examina como presupuesto esencial para la comprensión de sus ideas filosóficas.

El teatro aparece como la vivencia real, de lo que luego será la profundización y expresión de la permanente inquietud metafísica en la que vive.

Nuestro objetivo fue captar el pensamiento filosófico de Marcel, incluyendo por ende su obra teatral, pero sin explicitarla en un análisis detenido. Ya que solo ese trabajo abre perspectivas para un trabajo doctoral. Escapa por sus dimensiones al límite de nuestro objetivo. Sin desconocer por eso su importancia. Y sin dejar de instaurar otra área del trabajo fecunda y provechosa para captar en toda su dimensión el pensamiento de este filosofo.

Se trata desde luego, de una aclaración indispensable para comprender las dimensiones de nuestra reflexión.

223

II. JUICIO VALORATIVO

Puestas estas notas determinativas, en este capítulo conclusivo, intentaremos determinar ahora con mayor precisión el alcance y el valor de la reflexión marceliana en el lineamiento de su antropología existencial.

Nuestro intento fue el de presentar y delimitar las características esenciales de la misma. No sin dificultad pudimos detectar una unidad subyacente en el pensamiento de Marcel sobre la antropología humana, que él mismo ha proyectado o por lo menos asistemáticamente expuesto. El hombre como problema –a primera vista- se proyecta con mayor profundidad y adquiere inteligibilidad en la dimensión del misterio del ser, en el cual es y del cual participa.

Nos toca ahora delimitar las dimensiones del pensamiento de Marcel, que hemos expuesto, para expresar luego un juicio valorativo de las mismas. Para alcanzar nuestro objetivo, iremos delineando brevemente cada capítulo que ya hemos expuesto. Podremos así vislumbrar su unidad ideológica, en un primer momento, para luego redimensionar en un juicio valorativo, el camino abierto por este pensador contemporáneo.

1. El hombre: su unidad.

A través del primer capítulo, donde hemos esbozado la base de la antropología existencial, según el pensamiento de Marcel, hemos podido constatar tres ideas vertebrales: la de la existencia, la de sensación y la de "mi cuerpo", que unificadas constituyen la estructura unitaria de la persona humana.

La existencia misma proclama la necesidad del "ser en situación", el ser empírico que soy, no puede jamás salir de una situación sin entrar en otra. Este hecho define su "situación fundamental" y que no es otra sino la "existencia misma". Este hecho es esencial a mi condición. Y por ser esencial no puedo considerar esta situación como contingente. Por lo tanto el "ser en situación" nos revela algo necesario: la existencia.

Pero la existencia se nos manifiesta en la sensación como "presencia absoluta" subyacente a toda experiencia. Sentir es comulgar con la realidad. La sensación se nos releva como participación inmediata con la existencia real. Es un fenómeno absolutamente original.

El ser en situación que implica una "presencia absoluta", que se nos manifiesta en el "sentir" como comunión, no puede explicarse ni comprenderse, sin un hecho que es capital, el hecho que posee un cuerpo. Dato central de toda la metafísica de la sensación. O sea la conciencia exclamativa que se nos manifiesta de un modo claro en el sentir como resonancia interior, reveladora de una presencia, no puede ser comprendida sino dependiente del cuerpo como mío. Por lo tanto la sensación no puede concebirse sin el cuerpo.

Como ya lo hemos desarrollado en nuestro primer capítulo, Marcel supera la identidad materialista, en el que el "yo" queda anulado en el cuerpo, por una parte, y por la otra, el dualismo cartesiano, superando también toda concepción instrumentalista.

La reafirmación de la unidad de la persona humana, es un mérito innegable de la metafísica sensualista de Gabriel Marcel.

"No hay en rigor reducto inteligible donde yo pudiera establecerme más allá o más acá de mi cuerpo; esta desencarnación es impracticable, está excluida por mí misma estructura[224].

El "yo" por lo tanto no puede ser concebido, ni aparte, ni idéntico, ni en relación con el cuerpo, sino "encarnado como ser". No hay relación entre yo y mi cuerpo, sino participación, unidad. El cuerpo es además el signo central de todos los existentes, en el "yo existo", está implicado "el universo existe". La encarnación se presenta como un signo central de la reflexión filosófica. Es por tanto mérito de

[224] J. M., p. 121.

Marcel el haber redescubierto una metafísica de la encarnación, ha abierto un camino concreto que redimensiona al hombre en la plenitud de su condición humana. El hombre es salvado en su unidad indestructible, afirmando su mismidad y perseidad en la unidad de su cuerpo.

Marcel por lo tanto, rechaza todo extremo, sea el Idealismo, como el racionalismo angelical, ya que admitirlos es mutilar de hecho la persona humana, esta para atestiguarlo toda la historia de la filosofía. Como por otra parte rechaza el empirismo, cuyo error esencial es como él mismo afirma "desconocer el misterio que esta en el corazón de la experiencia"[225].

Podemos por lo tanto afirmar que su pensamiento se configura, en este plano alineado, con el pensamiento de un realismo Aristotélico-Tomista. "No se trata de reducir aquí el pensamiento de Marcel a Sto. Tomas, los dos son originales, pero se "encuentran" en una metafísica auténtica"[226].

2. Tensión dialéctica.

Puesta la plataforma básica de la "antropología existencial" hundiendo el hombre sus raíces en la existencia misma, la reflexión de Marcel se prolonga en profundidad, tratando de ver el sentido y el alcance de la vida del hombre que brota de la existencia.

El cuerpo sin vida, es cadáver. En el plano de una filosofía concreta, es precisamente la vida en la cual se injerta la existencia del hombre que atrae la reflexión marceliana.

"La cuestión verdadera era saber, ¿Qué tipo seria esta existencia que vanamente nos esforzamos por rebelarnos en contra de ella, y si en último análisis no excede infinitamente este puro obstáculo que tenemos delante de nuestra vista?[227]

---

[225] R. A., p. 319.
[226] JEANNE DELHOMME, "La Philosophie de G. Marcel" en Revue Thomiste, I (1938), p. 143. Interesante su paragón entre el pensamiento de Marcel y la filosofía Tomista.
[227] R. A., p. 208.

Marcel injerta su reflexión en una "dialéctica de oposición vivencial", que recorre gran parte de su obra, y estructura, su reflexión en un dinamismo común, y por otra parte no menos profundo.

Es en el desarrollo del campo de la "intersubjetividad" donde Marcel ha llegado con su propio esfuerzo, de allí su originalidad y también su mérito.

"Lo que da una nota original en la filosofía existencial de Marcel, es la relación "yo-tú" o la relación de intersubjetividad. Los otros existencialistas no insisten en esta relación que para Marcel es de una importancia primordial. En la filosofía de Heidegger se percibe una fría atmosfera de encierro que circunscribe al hombre dentro de sí mismo (Dulosigkeit). Y para Sartre cada uno de nosotros está encerrado en su existencia, inabordable para los otros: las relaciones de intersubjetividad, son relaciones de rivalidades, conflictos e enemistades. Par Marcel el acto constitutivo de nuestra realidad personal, implica una relación necesaria al otro, o lo que es lo mismo: la afirmación del amor"[228].

Dentro del campo de la intersubjetividad, y por la dialéctica de oposición vivencial, se da una tensión que nos parece definitoria y distintiva, y que hemos tratado de poner de manifiesto en la elaboración de la antropología existencial de Marcel.

Es la tensión entre:

-el existir (expuesto en la primera parte del J. M. y en "Existence et Objectivité".

Y

-el ser (expuesto en P. A.).

Luego entre el

-"tener" o "posesión" (expuesto en "esquisse d´ une phénoménologie de l´ avoir")

---

[228] BONIFAC BADROV, "Konkretna Filosofija Gabriel Marcel", separata de la Revista "Dobar Pastir", año (XVII-XVIII), p. 73.

Y

-el ser.

La tensión dialéctica crece y se profundiza entre

-el “haber” y el “amor”,

-la “traición” y la “fidelidad”,

-la desesperación y la esperanza.

Todo eso se puede sintetizar en la opción metafísica decisiva frente a la cual el hombre debe optar: por el ser o la nada.

Toda su “antropología existencial” está estructurada en esta tensión dialéctica, que es vertebral en su pensamiento. Es necesario, a nuestro juicio, reconocer el valor original de esta estructuración, pues expresa en su misma raíz un claro planteo metafísico.

Detengámonos por un momento en la tensión entre el “ser” y “el haber”. Esta tensión entre “el ser” y “el haber”, con sus ramificaciones en el mundo de la técnica, encuentra su raíz en la corporeidad. La concupiscencia original, que se anida en la cuerpo, es la raíz y causa del ocultamiento del “ser” por el “haber”.

Esta tesis encuentra su eco en todo el pensamiento clásico cristiano. Para nombrar uno de los representantes más insignes, Sto. Tomas dedica su atención a la misma cuestión. Afirma: “la concupiscencia propiamente hablando reside en el apetito sensitivo”[229], y el apetito sensitivo no podrá ser concebido sin el cuerpo. Distingue luego más adelante entre concupiscencia natural y no natural[230].

Marcel no entra en el detalle determinativo como lo hace Tomas de Aquino, pero no podemos negar una intuición básica común, desde diversos ángulos de vista.

No depende del hombre el “existir, ya que escapa a su dominio, pero sí en su responsabilidad está el descubrir, valorar, y profundizar su “ser”, salvarlo de la

---

[229] SANTO TOMAS DE AQUINO, S. Th., II-II q. 30, a 1, p. 205.
[230] Ibíd., a. 2 y a. 3, p. 207-209.

concupiscencia enceguecedora y anonadante. Marcel pone un acento especial en el dominio posesivo del hombre, que hoy alcanza esferas interplanetarias, que se realiza por y a través de la técnica. Intuye el problema y ensancha el campo de la reflexión, en la relación hombre-técnica.

Positivamente insiste en que el "poseer", no debe obnubilar el "ser". El hombre debe ser el fin, del esfuerzo técnico-científico de modo tal que se oriente a su servicio.

Por otra parte en sus reflexiones hay una tendencia que él mismo reconoce, en minimizar el valor tecnológico al insistir en sus peligros, sin llegar a ver, el sentido plenamente positivo que la misma técnica comporta, para el desarrollo y perfección del hombre.

Su esfuerzo, por lo tanto, se orienta a descubrir el verdadero rostro del ser. Su dimensión, que se manifiesta no como "problema", sino como "misterio" en el que y por el cual el hombre es.

Así pues constituyendo mi vida sobre el "haber" la afirmación de mi autonomía me hace prisionero de mis posesiones que me devoran y me cierran en la desesperación. Abriéndome por el contrario a las experiencias que satisfacen mi exigencia ontológica, se me abre el camino del ser.

3. La cuestión del ser "en el ser".

Trataremos de descubrir precisamente esta dimensión del ser en el pensamiento de Marcel.

"El descubrimiento del carácter "metaproblemático" de la metafísica, es a mi parecer una de las más importantes conquistas metodológicas del pensamiento contemporáneo"[231].

---

[231] PIETRO PRINI, G. Marcel e la Metodología..., p. 132.

Es indudable que la reflexión de Marcel ha contribuido para ello. Desde su temprana reacción contra el idealismo, ha percibido "el reconocimiento del misterio ontológico como reducto central de toda la metafísica"[232].

Marcel, y en esto coincide con Heidegger y Jaspers, intuye y explica que las cuestiones ontológicas, no pueden ser consideradas como problemas, ya que trascienden las condiciones propias de problematicidad. Escalonan la esfera del misterio: "un problema que invade sus propios datos o que se apoya sobre sus propias condiciones inmanentes de posibilidad"[233].

Este aspecto netamente positivo del pensamiento de Marcel, ubica la metafísica en la esfera "metaproblemática del ser". Plantear por lo tanto el problema ontológico es no solo interrogarse sobre la totalidad del ser, sino sobre mí mismo, en cuanto totalidad. El planteo metafísico no se puede realizar prescindiendo de la situación existencial del hombre. El hombre como "pastor del ser", tiene una responsabilidad ontológica. Corresponde a la metafísica descubrir las dimensiones de la misma.

Por lo tanto, todo planteo ontológico, esta necesariamente unido a la situación del hombre. Es el dato esencial y dinámico, de lo que Marcel llama de una "filosofía concreta". Ningún problema metafísico podrá "objetivarse absolutamente", sin que el hombre este incluido en el misterio del ser.

El hombre está comprometido en el pensamiento metafísico en toda su dimensión. Con la intencionalidad de toda su alma. Ya no se podrá aislar la cuestión metafísica en la zona de lo objetivo o subjetivo, sino deberá abarcar la plenitud de la realidad de nuestro ser de hombres.

La cuestión del ser, no podrá plantearse independientemente de mi ser en "el ser".

"Para Sartre el hombre cuestiona su ser retirándose de él y negándolo. Para G. Marcel el hombre es para sí mismo una cuestión a la cual debe responder, y en este

232 G. MARCEL. P. A., p. 91.
233 P. A., p. 47.

sentido todas las modalidades de su existencia se presentan como llamados y como prueba"[234].

Como aspecto positivamente objetivo que debemos hacer resaltar, a nuestro juicio, es la búsqueda de la unidad entre lo intelectual y lo vital. No hay de ningún modo en desprecio por la razón o la reflexión.

La tarea del filósofo es la de comprender el mundo del "ser" en la participación en la que está comprendido.

Descubrimos así otro aspecto realmente positivo de la filosofía de Gabriel Marcel.

4."Señalar un camino".

Entramos así en una cuestión vital de nuestro análisis conclusivo.

¿Desde el misterio ontológico, se ha ascendido, -y esta es la cuestión clave que nos interesa responder- hacia una ontología de la Presencia, que fundamente e ilumine el llamado que el hombre dirige desde el fondo de su misterio?

Explicitando más, por el análisis de las condiciones ontológicas que constituyen esencialmente la experiencia humana ¿fue posible y valido el paso hacia la plenitud del Ser, que se revela como presencia y fundamento iluminando toda la realidad del misterio ontológico?

Las condiciones ontológicas, cuyo análisis hemos realizado en el capítulo anterior, y que fundan la experiencia humana, ¿se disuelve solo en una fenomenología interior subjetivista, circunscrita a la experiencia personal del autor, o pueden a través del análisis de una "filosofía concreta", proyectarnos al plano metafísico del Ser Trascendente que es raíz y fundamento ultimo de todo el misterio del ser?

---

[234] JEANNE DELHOMME, "Témoignage et Dialectique", en Existentialisme Chrétien, págs., 172-173.

Juzgamos aquí el valor del esfuerzo reflexivo en el que se ha empeñado la filosofía concreta, trazada por Marcel asistemáticamente desde el ángulo de una antropología existencial.

A través de diversos pasos intentaremos dar nuestro juicio valorativo, ya que una respuesta inmediata y global dejaría de lado aspectos importantes sin cuya consideración, la respuesta seria parcial, injusta y por ende falsa.

La primera dificultad, insalvable para muchos autores[235], es la del fenomenismo. ¿Cómo se salva el pensamiento de Marcel del fenomenismo subjetivista en las experiencias de la existencia?

Determinando más la cuestión: si el existir es personal, ¿Cómo puede hablar por todos?

¿No se trata más bien de una experiencia fenomenológica que permanece en la órbita de lo personal?

Según muestra opinión, la obra de Marcel, no es un diario íntimo, a pesar de poseer detalles autobiográficos. No nos narra la vida de Marcel sino que "desvela una comunidad de condición que el filósofo esclarece, pero que la humanidad entera experimenta y es capaz de reencontrar… La tarea del filósofo de la existencia es sin duda hoy, reflexionar sobre la comunidad del existir, que no es ciertamente la identidad de una estructura racional sino la similitud de una condición concreta. Y esta comunidad conserva un sentido en el término de humanidad; bien se puede llamar esencia, y ella autoriza al filósofo a escribir: "La esencia del hombre es estar en situación"[236].

Se da por lo tanto un "modo común" de existir, en el pensamiento de Marcel, de allí que la oposición de la existencia y la esencia no sea radical. Frente a este

---

[235] GIOVANNA GIANNANTONIO, afirma: "Marcel no supera el fenomenismo en cuanto la persona queda reducida a sus actos…el pensamiento de Marcel encuentra su límite en la atmosfera fenomenológica". Gabriel Marcel e il Problema de la Persona. P. 130, y CORNELIO FABRO, "Il Significato dell´Esistenzialismo", reafirma la misma idea: "Marcel pretende que el hombre de un paso en el vacio, y repita así el presuntuoso gesto de Dédalo, para hacer fracasar totalmente al pobre Icaro del siglo XX", p. 19.
[236] PAUL RICOEUR, G. Marcel y Karl Jaspers, pp. 79-90.

modo común, subsiste sin embargo la diferencia en la medida en que esta manera común debe ser inventada y descubierta.

Es por esta captación de la esencia del hombre como "ser en situación" que el filósofo es capaz de "devolverle a la experiencia humana su peso ontológico".

Marcel supera así, a nuestro juicio, el área fenomenológica y subjetivista, para revelarnos una intuición real y común del hombre como "ser en situación" que vive en la dimensión común del amor, la fidelidad y la esperanza.

No se trata por ende de una experiencia individual, sino de una experiencia que tiene "alcance metafísico".

Pasamos ahora a un segundo momento de nuestro juicio valorativo. Se trata concretamente de analizar la legitimidad y el valor del paso del análisis de las experiencia intersubjetivas a la Trascendencia.

La dificultad que aparece inmediatamente en el horizonte de la reflexión es la de un cierto fideísmo. ¿Cómo se puede salvar del fideísmo el pensamiento de Marcel, ya que aquel pareciera implícito en el análisis de los "modos concretos" o condiciones ontológicas?

El movimiento dialectico de oposición que recorre vigorosamente cada uno de los modos concretos, del haber al amor, de la traición a la fidelidad, de la desesperación a la esperanza ¿alcanza verdaderamente a probar a nivel metafísico la necesidad absoluta de la Presencia, que ilumine el misterio ontológico?

"Toda la originalidad de G. Marcel es la de haber intentado en vecindad con las virtudes teologales del cristianismo, una cierta aprehensión de la trascendencia"[237]

Reconocemos sin duda alguna esta originalidad, el problema es valorar esta dimensión del intento en el campo de la reflexión filosófica.

Reconocemos en el análisis de las condiciones ontológicas, que hemos estructurado intentando ser fieles al pensamiento de Marcel, una "ontología de la

[237] PAUL RICOEUR, o. c., p. 83.

presencia", presupuesta e implícita (como valor esencialmente positivo), pero a nuestro juicio Marcel no justifica racionalmente esta ontología de la invocación. Hay una búsqueda en el orden d un llamado, un eco del Invocado en el Invocante, pero este llamado debería ser integrado en un "verdadero discurso metafísico"[238].

A través del análisis de las condiciones ontológicas hemos podido constatar la total inadecuación entre la espiración del hombre en el amor, y su insatisfacción frente a todo objeto o persona que no logran apagar el deseo absoluto de plenitud y gozo que desea. Solo en un Tú Absoluto podrá encontrar la respuesta.

La fidelidad, por su parte, como condición ontológica, supone un fundamento inconmovible, y ella a su vez es fundamento, razón última de la opción humana.

La esperanza enraíza al hombre en la "comunión con un ser Personal", que solo será capaz de satisfacer y colmar la apetencia ilimitada de ser y bien, que el hombre como ser libre e inteligente posee.

Reconocemos y valoramos, como aspecto netamente positivo del pensamiento de Marcel, el haber revalorizado en su visión antropológica la experiencia humana y su dimensión intersubjetiva, y el haber descubierto "su peso ontológico".

Pero consideramos una limitación, el no haber justificado racionalmente, mediante una elaboración metafísica, esta "presencia velada" del Ser, que él pone de manifiesto, pero cuya expresión metafísica no logra.

Ha intuido más que expuesto. Y aquí podemos constatar su valor de filósofo. Ha puesto las bases para un ulterior desarrollo metafísico.

Por otra parte, él mismo reconoce las dificultades de una "metafísica de este tipo". Su camino es original. Es un camino medio, entre el dogmatismo y el agnosticismo. "Un camino medio, estrecho, difícil, peligroso, es el que yo me esforcé, no de trazar, sino de señalar (répérer) no se puede proceder aquí sino por llamados…[239].

[238] PIETRO PRINI, Gabriel Marcel e la Metodología, pp. 138-139.
[239] P. A., p. 88.

Un valor más que manifiesta su esfuerzo reflexivo, es que nace como respuesta a la inquietud permanente del hombre, por el Absoluto. Sea o no Cristiano. Ya que su reflexión "no supone la Revelación Cristiana"[240], si bien es cierto que no puede ignorar "el hecho cristiano con todo lo que él implica" en la historia[241]. Pero la revelación ejerce una "irradiación fecunda" para que el hombre se abra ser.

Por tanto, el aspecto positivo del análisis de las condiciones ontológicas, fue el de "señalar" un camino, intuirlo. Señalar una búsqueda que se proyecta en orden a un llamado más interior a nosotros "que nosotros mismos". Revelándonos que la experiencia es capaz de "peso ontológico".

Pero limitativamente, en su análisis reflexivo, usando una terminología ya empleada, permanece en el plano óntico y ontológico, sin lograr una expresión metafísica completa, para ascender al Tú Absoluto como fundamento del misterio ontológico.

Marcel permanece fiel a su vocación filosófica y a su pensamiento interrogativo e itinerante.

Profundizado la inquietud permanente de todo hombre que vive en el misterio del ser. Ha ahondado el interrogante existencial, por el cual el hombre vive en el amor, se renueva por la fidelidad y camina en la esperanza.

"Alguien quizás se podrá extrañar y yo mismo me extraño hasta cierto punto, que Dios aquí no se ha mencionado, sino bien sobreentendido. Esto me obliga a señalar lo que es sin duda una de las singularidades irreductibles de mi posición ¿es necesario decir filosófica? Yo dudaría esta palabra. Se trata de una vivencia[242],

Es una vivencia, una inquietud que palpita en su obra, y que se extiende a la fraternidad orquestal donde todos los hombres se unen en la búsqueda común del Bien y de la Verdad.

---

[240] P. A., p. 89.
[241] P. A., p. 89 y 91.
[242] G. MARCEL, En Chemin…, p. 290.

Marcel aparece en su obra, como un testigo de la búsqueda permanente del hombre por la verdad, uno de los muchos que pasaron a lo largo de la historia del pensamiento humano. Sócrates, Platón, Aristóteles, Agustín de Hipana, Tomas de Aquino, cada uno en su camino original, testimoniando al hombre de su tiempo, el valor y la dimensión del misterio en el que somos y del cual participamos.

Dentro del amplio marco de la filosofía contemporánea, también la filosofía o mejor el pensamiento reflexivo de Marcel se puede ubicar en esta área.

"La filosofía moderna está impregnada de voluntarismo, bajo la apariencia de la insistencia gnoseológica, orientada a la certeza del conocer, ha desarrollado la autonomía del obrar, la independencia de la norma y la libertad creadora"[243].

Todo esfuerzo humano realizado en la historia del hombre, lleva el signo de lo humano, cono sus luces y sombras. Así también el movimiento filosófico moderno. Salvando sus aspectos parciales y negativos, no hay duda que ha contribuido a orientar la reflexión del hombre, sobre el misterio original, que es la persona misma. Reconociendo su inagotabilidad, pero por otra parte revelando sus límites. El hombre no es emplazado en el universo infinito de los objetos, sino que se presenta como ser privilegiado, único, solo el capaz de pregunta y respuesta.

En muchos pensadores modernos adquiere dimensiones absolutas. Juega su vida y su opción "en la horizontalidad pura" sin considerar que "sin verticalidad no tiene sentido ni dimensión alguna la misma a racionalidad"[244].

El pensamiento reflexivo de Marcel, revela la preocupación constante en buscar la dimensión original del hombre en la horizontalidad y verticalidad. Esta es su característica y su aporte a la perenne búsqueda del hombre por la verdad.

Ya que la filosofía misma es búsqueda. Búsqueda sin término ni limite. Algunos habían creído que podía concluirse en muy poco tiempo. Pero se equivocaron. Toda la historia del pensamiento humano es testimonio de la inquietante búsqueda filosófica del hombre. Y esta búsqueda no es sino la búsqueda de la verdad.

---

[243] CORNELIO FABRO, "Orizzontalitá e Vergicalitá della Libertá", Angelicum, 48 (1971), 313.
[244] Ibíd., p. 303.

El hombre no puede renunciar a su ser. Ser para la verdad. Esta ordenado esencial e intrínsecamente a ella. Es radical, central en él. Es su vocación.

Puede decirse que el hombre se mueve en una especie de espiral constante, moviéndose siempre en torno a la misma, pero con perspectivas nuevas y renovadas. No tenemos la penetración para decir su nombre. Pero de algún modo siempre nos acercamos en ella. La verdad se manifiesta insondable. En la medida en que algo poseemos de ella, el deseo y la pasión cercen. Sin nunca poder ocuparla total y definitivamente. Su posesión total es imposible. De allí que el hombre siempre oscila entre la búsqueda y el escepticismo. Por eso la búsqueda es gradual, discursiva e histórica.

Pero no solo aparece este movimiento de invasión del hombre, de irrupción en los campos de la verdad. El movimiento inverso también es esencial en la historia del pensamiento humano. El hombre busca, porque es atraído por la verdad. Si la busca inicialmente ya la posee. Pero la verdad no es una posesión del hombre. Ninguna época histórica ha llegado a tener el dominio de la verdad total. Ni siquiera ha logrado una formulación total de la misma. Es por eso que es necesario reconocer que los hombres van siendo poseídos por la verdad a medida que la buscan. La Verdad los atrae. La verdad posee al hombre.

Cuando el hombre se deja poseer y entusiasmar por la verdad, su razón encuentra el sentido del ser y su libertad sentido de plenitud. "La verdad resalta así por encima del hombre que la busca, por encima del tiempo en que la encuentra. Tiene un valor perenne…No se puede ser hombre sin pasión por la verdad. La verdad es la tarea del filósofo. El fin del Universo"[245]. Esto es lo que testimonia Marcel en su reflexión filosófica, en su "pensar interrogativo", manifestado a través del esquema de una "antropología existencial" que hemos intentado presentar.

Por otra parte, no podemos desconocer el aporte de Marcel en la profundización de la antropología actual que hemos intentado exponer a lo largo de nuestro trabajo.

---

[245] A. LOBATO, Hombre y Verdad, pp. 275-276.

“Su valor de filosofo es el de haber mantenido constantemente una confianza fundamental, confianza implícita que el hombre acuerda al universo, a los otros, y a Dios, enraizando así la esperanza en la existencia”[246].

El haber llamado la atención del hombre sobre sí mismo, el intento de desvelar y profundizar su misterio propio por la valoración de su experiencia intersubjetiva, revela todo el valor intuitivo de un pensamiento que está anclado en la existencia. Pero esta existencia no puede ser considerada como un simple “dato” sino signo revelador de un contenido inagotable.

“Se hace imposible toda filosofía si reducimos el ser a un “dato”, si desconocemos esa corriente de “presencia” que nos inunda y desborda por todas partes. Es necesario oponer la inteligencia al ser, la inteligencia que se separa del ser, porque es incapaz de percibir esta “presencia”. Esta perpetua antinomia del problema y del misterio, de la exterioridad y de la interioridad, de lo intelectual y de lo existencial, anima la filosofía marceliana de la vida”[247].

En esto cosiste el mérito filosófico de Marcel, el haber redescubierto la dimensión profunda de esta “presencia” del ser; en haber puesto de manifiesto aspectos nuevos del misterio siempre idéntico, pero a su vez renovadamente diverso en cada época de la historia del pensamiento humano, como es el del misterio de su ser, en el ser, o sea el misterio del ser.

---

[246] JEAN LACROIX, Panorama de la Philosophie Francaise Contemporaine, p. 135.
[247] ALPHONSE DE WAELHENS, “L´Existentialisme”, en Les Grands Courants de la Pensée Contemporaine, p. 529.

Printed by Books on Demand GmbH, Norderstedt / Germany